捉狂下的興嘆

南方朔著

三民叢刊32

三民書局印行

代序

目前臺灣的政論家當中，說起閱覽之博、述作之勤、用力之深，南方朔始終最令人服氣。

讓我格外服氣地，南方朔還是位秉性寬厚的學者，不致因爲人們向他多所質疑而失去耐性——

譬如說，由於我自己喜歡爲別人的看法析出理路，多年來作他的讀者，我曾經試著將他擺在思想的系譜上歸類，而我會挑剔地問他：

——你談實踐性，注重平等與正義，屢屢說到人的解放，對霸權深惡痛絕，對資本主義貧富分配不公的本質口誅筆伐，而世界上先進國家對後進國家的欺壓與陰謀，你揭發起來不遺餘力，那麼，你顯然站在思想系譜的左方嘛！

——另一方面，你談罪的觀念，你譴責「人民暴力」，你強調人生不容易，喜愛援引聖·奧古斯汀，屢屢預警著災難的可能，再證諸你文章中愛用的詞藻譬如「救贖」、「夢魘」、「嗜血性」、「死亡天使」……，常見的句子譬如「自我清洗的力量」（本書頁一九九（下同））、「人性幽暗陰鷙的表記」（頁二四六）、「由天堂吹來的風將我們包裹，帶領我們超昇」（頁二五五），以西洋政治思想的系譜來分，其實，你倒比較接近對人的不完美性不信任而希望人們能夠自我提昇的道德主義者。

——此外，你說起「世界並無形狀」、「歷史並無本質」，你認爲是「論述」或者「論述的氛圍」才賦予世界形狀、加給事物意義，你提到羅蘭巴特或波德瑞拉的名字，這時候，你旁徵博引的又是「後現代」諸家的理論喲！

於是，我跟他說，我曾經試圖以寫作的範疇或者討論的議題來切分他的不同觀點，卻陷入了一片迷離；我也曾經試圖用「後馬克斯」的理論去統籌解釋他「後現代」與「左派」的觀念，卻成效不彰。在我存心向他辯難的時刻，即使談及一個重要的課題「權力」，我也會苛責地問他：

——你當然清楚權力的本質就是建制化的遊戲（本書頁二七二也有闡釋），而你也清楚政治的主要內容非關道德乃是權力。爲什麼，一旦你論及領袖與政府的角色，你還會希冀政客能夠作出「令人感動的事」（頁一八八）？或者盼望統治者付出「仁愛與慈悲」（頁二四七）？

前述只是一些例子，事實上，面對這類茫無頭緒的問題，搔著他鬢邊的白髮，瞇著他深度近視的眼睛，南方朔總不厭其煩地告訴我乃是臺灣（或者也包括其他的後進國家）特殊的歷史進程使然。因此，西方數百年光陰才能夠逐漸釐清或解決的困難，竟然目前在臺灣慌亂地、壓縮地、急於求得答案地一齊擠上了檯面。而我這個國外呆了多年的人，對他所有的質疑，他好脾氣地笑著說，原是以西方平面的光譜來測量臺灣立體的時空。

南方朔又強調，他批評的主調就在扣緊臺灣的現實！而我或者必須同意他的，若以西方線性的發展系譜來看，臺灣確實是一張錯亂的圖象：政治制度尚在「前現代」的階段，社會情境充滿「現代」的特性，消費習慣則屬於「後現代」的舞臺。因此，在衝突的、扭曲的、混淆的各種價值系統裏，找出臺灣社會文化的脈絡，從治安到股市，從軍特到外交，作爲一位負責任有主張的知識分子，援引適用的學理，一步步破除舊的迷思營建新的規範，正是南方朔政論著力最多的地方！

也只有放在這樣的邏輯之下，我方才能夠理喻：爲什麼當年反對運動被視爲洪水猛獸的時刻，南方朔文字裏尚且充滿了向體制挑戰的動量；如今在臺灣所有禁忌都一一折解掉的時刻，他卻不願意譁眾取寵，甚至寧可引起誤解的，一再提醒臺灣的人們，譬如，像英儒湯普森說的，「『歷史的必然性』是一種恐怖的事務」。

許多時候，南方朔的言詞未能夠折服我的地方，則是他生命中自然流露的氣質讓我相信……相信他的誠懇、聽見他發自內心的歎息、知道他念茲在茲地替臺灣的「民主轉換工程」而煩憂。反過來說，難道正因爲我長年站在臺灣的外面，我才有那麼多純粹屬於智性、純粹屬於思想體操的疑問？而我也只有繼續地質疑下去吧，問一些抽象的、理論的、其實不必然相關的題目。

然而，在目前臺灣的關鍵時刻，我所衷心期望的毋寧是：我的問題終屬無稽、他的興歎終屬多餘，原來臺灣正超越一切線性的系譜，翻轉所有歷史的定律，在這獨特的歷史時機，向著開闊而充滿創造性的未來迎上前去！

平路（旅美作家）

代序：扭轉我們自己的眼睛

南方朔

人類的世界並無形狀，由人賦予形狀；我們看問題的方法，就決定了我們將會在那種社會裏生存。

傳統制約無法生存

因此，當發生政治權力分配的問題時，即搜尋記憶的倉庫，找出諸如「李登輝情結」或「省籍情結」，作爲萬靈丹來使用，這樣的人所受到的乃是過去的制約，他將不可能在多元包容的民主社會裏獲得棲息之所。

同樣的，面對臺灣經濟萎縮、投資意願不振，即草率的歸因於治安不良、環保運動太多、勞工好逸惡勞、缺乏敬業精神等；這種人所期盼的其實是一種嚴刑峻法、政治專斷、環境惡濁、對勞工可以藉強力加以驅馳的社會。

一樣的道理，當股市崩盤、號子塌倒、金融機構也受到牽連，卽怪罪股民投機、號子炒作，因而主張加強金融檢查，這樣的人，他腦海所投射的社會國家其實是：人人無知且順從，聖君賢相的社會，最好還是一個根本就沒有甚麼金融性商品的牧歌式農村社會。

相同的邏輯還可繼續推衍：當社會質變而解體，因而治安大壞，卽主張軍警特聯合大緝私、治亂世用重典等，這樣的人，他們心目中的社會藍本仍是過去那種威權體制，他們最適合生存的，其實仍是那種非民主但卻安靜的歲月，因爲他們並沒有能力來擔負一個新型態社會所交付給他的責任；當面對中國大陸，埋藏在記憶深處的「仇匪」、「恨匪」情結卽告表露的人，他們所型塑的，正是一九四九以至一九七〇年代的那種社會景觀。

因此，在記憶中生活的，不會有未來；在過去裏想要找印證的，就不可能解決新的問題。當人們先將自己的眼睛固定下來，他就再也看不見新的東西。如果我們不想回頭過以前的日子，第一步可能就是要扭轉我們自己的眼睛。

自由民主全新事務

在過去幾年裏，臺灣充斥著「自由」、「民主」的口號，然而對臺灣的我們，它卻是全新、沒有被試煉過的事務。由於它未曾被經驗，於是，在「自由」、「民主」的標籤下，遂被黏附上了各種形形色色的內容、狂妄的反動、反理性的激烈，不但人民混惑，統治者本身也失去了認知的座標。就在這種混惑之中，我們虛耗掉了好多個春秋。但也正因爲座標的失落，當我們已不能再忍受這種混惑，而希望社會沉澱時，才發現它在幾年的混亂之中，其實並未前進半步！

由過去二、三百年世界普遍歷史的演變，到了今天，我們已經清楚的知道，社會的發展乃是個前行的過程。當人類前行時，愈能變得品質高尚，也就愈能享用個人以及羣體的自由與解放。因此，「自由」、「民主」並無固定的內容，它的內容由人們自己選定。統治者愈有胸襟、智慧，和被統治者分享權力，政治民主的品質就愈會確保；資本家愈有智慧並尊重勞工的尊嚴，經濟民主就愈有創發性。這些創發性的工作，需要搭建新的結構、制定新的規範，從而才能塑造品質更好的新人種。然而，過去數年，我們做了甚麼？

軍警司法收拾殘局

從統治者而言，自由民主社會的統治者，乃是比專制統治者更難爲的統治者，他沒有強大的實力來貫徹意志及獲致表現，遂必須藉助快速的資訊、融通無礙的說服，詳盡的研究與分工等民主手段來達成同樣的目標。然而，我們的統治層在民主主要及次要架構的搭建，新的民主領導文化創造上，可謂一無建樹。他們無能在先，使得臺灣失控，而在無法收拾之後，卻又用最原始的軍警及司法力量來收束秩序，兜了一大圈，我們回到的，乃是數年前的原點。他們不求民主的創造，惟耽溺於權力爭逐，以至於「省籍之劍」也都成了武器。如此惡質的統治層，我們怎能期待政治被拉拔向上？又怎麼敢奢望有水準的政治在此地萌生？

其次以經濟爲例，臺灣以低工資生產起家，而同時又將汚染等應屬「公司成本」者轉變爲「社會成本」，爲了資本的加速累積，這些過去都可原諒；不可原諒的是，四十年發展到今天，臺灣勞工水準日高，臺灣也沒有那種充滿階級憤恨的工人，社會發展的結果，勞工意識及談判力也都增強，從整體社會經濟的角度而言，目前理應已到勞工入股、參與公司事務、重塑新的勞資合作與團結關係，以提振技術力及生產力的時刻，但我們從臺灣頭聽到臺灣尾，甚至官方，卻均將另有他因的投資不振，歸咎於環保運動及勞工運動，甚至竟有指責勞工好吃懶做云云者。這種古舊的勞資觀念，已可肯定臺灣勞資彼此拉拔向上的美好機會也告失去。如果說這種意識形態的觀點能夠促使臺灣投資再旺、經濟力再度提昇，孰人可信？

全面升級民主重建

再就稍早股市金融的風暴而論，我們的政府多年來一向對股市金融的現代化無能，旣無法研判內外金融情勢，又無法保障人民的投資安全，不深知咎責，卻將一切責任歸因於栖栖皇皇、不暇自安的投資戶，而將政府重責之一的穩定金融環境輕輕卸過，這種「前現代」的治事能力，在度過股市金融風暴後，當然也不曾有所提振，這豈不意謂臺灣人民今後仍將在不安定，且無升級的環境下繼續危若累卵的討生活？

從政治到經濟，從治安到股市，從死刑到外交，臺灣各種事務，如果我們深自分析，卽可發現到，都充滿著古舊觀念的復辟，無一吻合民主新社會的價值標準。這也就是說，經過這麼漫長的時間，我們的一切都沒有升級——而只有這些都完全升級，臺灣才可能算完成民主的重建！因此，我們怎能不兀自興嘆！

這本書，卽是本興歎之書，是一個誠懇的人對臺灣現狀的各種興歎。由於他的誠懇，他不搭國民黨的巴士，也不搭民進黨列車。由於各方都不搭，因而心中無窒礙，在這個抓狂及投機年代，這或許反而是一種清明吧！

捉狂下的興嘆

壹・臺灣之病

參・軍警特務

肆・看外國想臺灣

伍・歷史、思想、文化

一、臺灣之

無「亂」可「戡」之後

終於，一九九一年五月一日零時起，實施長達四十三年的「動員戡亂時期」正式結束，「叛亂團體」也從此刻開始變爲「中共當局」。無亂可戡的今後，並非老問題的消失，而是老問題根據我們心中的影子變成各種新問題的開始。臺灣進入了一個嶄新但卻更加不確定的時刻。

意識型態壁壘分明

現在業已成爲過去的「動員戡亂時期」，由於它是兩個世界熱戰及冷戰的一部分，意識型態壁壘清晰，敵我分明。存活在這種是非善惡截然劃分的時代裏，外在的世界壁壘就是我們認識以及現實的保障，臺灣不必自創規範，別人的規範就是我們的指針。我們可以無可奈何但卻快樂的過著生活。在冷戰時代，我們是依附於世界結構的一半而存活的小人物。

而現在，這種可以依附並且安逸過生活的世界結構業已被逐漸拆散，而我們也由純然依附他人的小人物，托庇於冷戰而長成了一個中型的人物。於是，對於周遭環境以及世界，我們已被迫或必須擔負責任。在這個意義上，「動員戡亂時期」的終止隨著冷戰結束而來到，乃是一切好的或壞的可能性同時向我們開放的時刻，我們由依附者的身分，首次變成主人——而不幸的卻是，依附者恆常快樂，做主人卻總是要面臨判斷和選擇的痛苦。五月一日起，無亂可戡，我們開始要作一個痛苦的主人了。

和業已不再是「叛亂團體」的「中共當局」如何相處，這就是我們要當主人的第一個考題。而對於這道我們完全沒有準備，甚至連辭彙、語法、邏輯都完全陌生的考題，困惑遂難以避免。因此，我們遂經常使用「戡亂時期」的辭彙和邏輯來回答這道「後動員戡亂時期」的考題，答不出來時，甚至於激憤得想要撕毀考卷。

敏感問題自我矛盾

而這正是主人不同於奴隸之處，但也只有我們能答出考題才能體會到的主人快樂。過去這段期間，臺灣所處的也正是初作主人的慌懼狀態。我們摸索不出與「中共當局」的相處之道，我們總是用「動員戡亂時期」的辭彙語法和行爲想要解決這道難題，西方漫畫家曾有過一張極爲傳神之作：一個突出的牆角，一邊是尾大恐龍，一邊是尾中恐龍，相互戒懼，眼神閃爍，步履趦趄。語言的挑撥試探，手勢總是探索挑釁。

除了新邏輯的探尋之外，對於「中共政權」，由於步調不一，信心的退縮或膨脹，我們在現實表現上也光怪陸離。企業家四海一體，大膽先行，兩岸貿易三年由三四・八億美元，增至四〇・三億，今年可望突破五〇億，直接投資和通商業已勢難抵擋，集團企業如「中興」、「味全」、「臺塑」也當仁不讓；對大陸投資已累增至五二〇億美元，單單福建一省即佔一半。臺灣客至福建則由八九年的四十萬人次增至九〇年的七十萬人次。而官方追之不及，只呼冷卻、冷卻！

這種乖違，乃是基本架構尚未充分搭建完成的莽撞，它同時也發生了各種偸渡、空難的不幸糾紛。而在更敏感的問題上，則是外交部實質成了「獨臺部」，與自己的「國統會」和「陸委會」自我矛盾。兩個被「冷戰」及「動員戡亂」邏輯浸泡了同樣悠久的「實體」，初次晤面有若黑烏鴉與白烏鴉的互啄與相互輕薄。

金馬居民應有公道

對於這種困境，早在預期之中。任何涉及基本邏輯改變的事業，原本即是一個需要既博又大，且有主人心胸器識者始能圖謀出的事業，世上沒有水到渠成的事，而我們的「後動員戡亂時期」，卻缺少了這樣的圖謀，反而多了另一種圖謀——「去大陸投資的臺灣商人，不要忘了在口袋裏藏把剪刀！」，而「國統會」所想的，也只像青少年一樣想去「捅」人家一刀。

基於這道考題的難答，李登輝總統在記者會上所說的，邀請「楊主席」來訪等話，只能姑妄聽之，而更重要的毋寧是在我們的「海基會」秘書長訪問回臺之後，能更具體地草擬出如何回答這道陌生考題的方法。

除了在無亂可戡的此刻，已需要重擬兩岸關係的更宏觀策略外，既然無亂可戡，也到了我們應當還金門四萬三千同胞，以及馬祖五千八百居民起碼公道的時候了。

眾所周知，昔日臺澎金馬一併戒嚴，但自民國四十年一月起，臺灣縱或仍在戒嚴狀態之下，但已有縣市議會之設，同年七月並有縣市長之設。或許，縣市長與縣市議會對當時仍明顯爲接戰地區的金馬不切實際，民國四十七年卽有了金門砲戰，然而，金門砲戰兩個月卽告結束，其後金馬及對岸卽日趨平穩正常，早已爲軍民的分治肇造了氣氛。

繼續戒嚴有何意義

不幸的卻是，金馬卻在「動員戡亂時期」的陰影下被框限在戰地政務的不自由狀態中達三十五年之久。金馬居民非僅難望自治，甚至更在地區司令長官的軍法管、治之下，而淪爲民主政治的畸零人。在金馬自一九七九年起卽無砲聲，逐漸連砲宣彈與心戰喊話都已沉寂的時刻，臺灣本島終止「動員戡亂」，而金馬五萬同胞卻仍蒙受臨時戒嚴，講到天涯海角都沒有這個道理！它所暴露的不過是長期司令官統治的專斷心態而已。若再申論，在現代軍事情勢下，金馬軍事警戒價值是否仍有如當年般重要？縱或萬分之一的機會，金馬受襲，仍可立卽實施戒嚴而不遲。繼續臨時戒嚴有何意義？

因此，對於金馬非法且非常識，更有違基本公道之臨時戒嚴，立院諸公應予撤銷，不僅如此，金馬更應快速還政於民，不讓「動員戡亂」仍留下一個不乾淨的尾巴！

臺灣比美國人還要美國

——從美伊大戰看臺灣主體性的淪喪

一九〇〇年，「瘋狂」而「野蠻」的中國國民組織「義和團」，威脅外國使館之安全，八國部隊爲保護使館安全而駐兵北京及天津，逐漸演變爲清廷引義和團對各國宣戰，北京陷落的「八國聯軍」事件，清廷被迫簽訂「辛丑和約」。在教科書裏，這是帝國主義侵略中國的重要篇章。

大戰新聞有如電玩

現在，時間已過了九十年，瘋狂而野蠻的海珊，由於種種因素，強悍併吞科威特，野蠻程度與義和團相仿，因而比「八國聯軍」規模更大的多國部隊對伊開戰。而這時，臺灣的官方卻慌不迭忙的支持多國部隊，彷彿八國聯軍入侵中國也變成正當。

過去數十年來，臺灣經濟依賴、資訊依賴，大大小小問題已變得「比美國人還要美國」。美伊大戰，美國眾院以二五〇對一八三通過戰爭決議，參院則以五二比四七決定動武，比數在六四之間，但臺灣媒體連篇累牘，比美國人還「愛國」的甚麼「直搗黃龍」等字眼都上了大報標題，廣播及電視的播報，語調亢奮，彷彿海珊卽是我們的敵人。臺灣立場的一面倒，縱使美國報紙、電視也自愧不如，臺灣到底如何在看待世界？

美伊大戰，全球反戰及爲和平祈禱，日本反應較爲冷淡，一名日本國會議員說：「我們在去年討論軍事協力法案時，卽已有過多次具有反對戰爭意含的羣眾大會，至於年輕人，他們只需要像看連續劇一樣的在家看大戰新聞卽可。」而在臺灣，我們看大戰新聞，有如看任天堂的電玩，或者就有如看「百戰百勝」綜藝節目，戰爭對我們旣陌生，又遙遠，更無趣，於是我們的媒體遂將戰爭變成軍事科技的遊戲。戰爭中的人與歷史消失，剩下的就是電子、飛彈與戰艦！

英國最早最大的銀行鉅子羅士渣，在拿破崙戰爭時以操作金融而大發利市，拿破崙戰敗消息抵達，他因內線消息而及早得知，搶先拋出，被認爲是「在街道流滿鮮血」時發財的榜樣。而這種情況極似今日的臺灣股市。戰爭對我們的唯一意義乃是又多了一個賺錢的機會。

徹底順從喪失判斷

對與我們的出路密切相關的美伊大戰，由媒體而民間，臺灣將這場戰爭的焦點作了如上所述的這種轉移，在轉移中，戰爭的意義消失，而變成一種電玩遊戲、一種賺錢機會。媒體大派人員前往外國的安全處所，而播報新聞則彷彿身處九死一生的絕境，自稱戰地報導，大戰對媒體而言，已不再是新聞，而是突出自己涉險的一種表演，正如同「六四」時臺灣電視的表演。

對於攸關我們經濟與政治至鉅的戰爭，我們卻能够轉移它的意義，這種獨特的冷淡方式，其實更清楚的反映在我們官方的態度上。數十年來，我們的一切均遵循美國官方的立場，美伊關係惡化，我們甚至主動表態認捐而被拒絕，這種徹徹底底的順從，並且較對方期待得更多的順從，遂使得我們朝野完全失去了自我判斷的能力，毫無條件的支持美國立場，尤其是單一的官方立場，不但會作出違背我們本身歷史經驗之價值判斷，而更重要的是，我們將失去自己在世界中的位置。

由於沒有自行判斷，這次大戰，我們官方的許多反應遂充滿了各種無聊的舉動，當我們看到南韓開始警戒，以防北韓蠢動，我們也就有樣學樣的如法炮製起來，而誰都知道這只不過是一種沒甚麼道理的表演。對於美伊大戰，包括新加坡在內，都已針對未來油價及石化的需求作了估算，也對美國可能加速的蕭條作出評估，而擬訂出了新的對策，並於最近由吳作棟總理宣布；而「東協」各國更針對未來變化而加速二百多項商品的關稅互惠以及石油的合作，更不必說日本的種種自我評估及應變了。亞洲各國，對美伊大戰幾乎都各有本身的立場，並不完全與布希政府相同，唯一的例外卻是臺灣——它的法寶就是一切鎖定美國官方！

人無遠慮必有近憂

這就是國家的喪失主體性。主體性的喪失即意謂著拒絕思考。我們可曾思考過自己的利益何在？當我們顯示出的態度是如此好戰成性時，我們今後將如何去面對更多的阿拉伯國家？當我們忽略美伊大戰的歷史及文化因素時，我們又怎麼去面對自己過去的歷史？當官方失去了主體性，我們做百姓的，豈不只好搞戰爭電玩以及看戰爭如看連續劇了！

美伊大戰，本質上乃是近代歷史上不斷增加的災難的一環，它是兩個狂人的角力，他們背負著基督教及回教兩個敵對世界的包袱而身陷羅網。誰都不是正義的化身，而是兩個惡魔冒充上帝及阿拉在相互征伐。這樣的戰爭，甫一開戰，即注定了誰也不會是贏家，馬尼拉大主教辛恩倒是說對了：「這場戰爭誰也不會獲勝，唯一的贏家是死神！」

因此，在戰爭如復仇兼死亡天使那種可憎的面貌展開時，或許我們更好的選擇是爲和平祈禱，並爲無辜的我們可能遭受波及而預作評估及籌備。當戰爭持續不決，我們的石油消費將如何調整？是否有至巴布亞幾內亞或越南尋求新油源的可能？當戰爭面擴散，世界大亂時，我們將如何爲自己尋找定點？當東南亞國家已因戰爭而加速其內部整合之際，我們有甚麼管道以適當的方式參與？美伊大戰之後，世界油權必將發生變化，我們將如何評估這種變化？所有的問題紛至沓來，再也不是鎖定一國，萬變不離其宗即能解決的了。

人無遠慮必有近憂，今日臺北的交通就是例證，何況國家前途的大事。美伊大戰，會不會因此喚醒我們的遠慮意識？

沒有實體，只剩幽靈

或許正因臺灣處境特殊，我們的執政黨及其政府的運作也就特殊，甚且特殊到光怪陸離，無奇不有的地步。最令人發噱、隱憂，甚至痛心疾首的是：國民黨及它的政府這些「實體」都告消失，剩下的只是一大堆飄浮的「幽靈」。

戰鬪幽靈代替實體

這些「幽靈」，即是數也數不完的各種基金會、各種委員會；而「實體」部分的黨及政府卻都完全停止了運作。以「幽靈」代替「實體」，這還算是什麼中華民「國」，不如改稱中華民「會」！

近年來，臺灣整個黨國機器的運轉，幾乎都到了停擺的地步，國民黨的最高例行議事機構「中常會」日益空洞化，黨已不再像黨。由於「實體」癱瘓，遂衍生出許許多多「幽靈」，而且「幽靈」之間彼此拉扯戰鬪：例如宋楚瑜系統的「知行文教基金會」和關中系統的「民主基金會」等卽是。

除了戰鬪的「幽靈」之外，「實體」癱瘓後所產生的其他「幽靈」尙多。例如黨中央的「憲政改革策劃小組」、「陸指組」等。問題在於，「實體」旣然無能，「幽靈」當然也就不會有能。一個個駢枝機構如癌細胞般的孳生，只不過爲無能癱瘓的黨機器作了另一種見證。

國民黨的黨機器，只剩飄浮的「幽靈」，它的政府部門也同樣不見了「實體」。從總統府的兩個超級大「幽靈」——「國是會議」及「國統會」開始，到了行政院則是既違憲又違法的「行政院大陸委員會」，以及另一個形同「賣人頭」的「海峽交流基金會」，以及於甚麼「警察之友會」，一個人頭或者二、三百萬，多至千萬元臺幣。出錢的人究竟是「熱心人士」，或者是攤派兼籠絡，不必多作唇舌，大家都必心知肚明。根據臺北一地的統計，截至目前已有各種基金會約六百個，其中與政府有關者可能逾半。這種政府的「幽靈化」，其實是個非常值得探討的現象。

運作體系效能保證

任何國家體制，均必須具有「實體」的運作體系，這種實體部分的合理化，乃是政府效能的保證。但世上不可能有萬能之體制，任何政府均必然會經常面對「溢出體制外」之狀況，因而才會有「非正式的」臨時性功能編組出現，但因它仍在整個正常體制之中運作，因而仍是「實體」，並非「幽靈」。

然而，近年來臺灣的情況卻完全不合乎通俗「行政管理」上的這種ABC，臺灣黨國機器的「幽靈化」，有著另外的不正當理由：

第一，它是整個國民黨「派系化」和「山頭化」的惡性延長。國民黨原本卽有最高例行議事機構「中常會」，鬪爭的激化，使得這個正常機構廢弛，於是你搞你的「××會」，我弄我的「基金會」，在政府部門亦同，區區一個大陸事務，我們從總統府、行政院，到其他政府部門和純民間，怕不已有了幾十個「××會」或「基金會」。設官分職，建立層級官僚體系，目的卽是使它能藉此達成功能的整合與統一。但黨國機器「幽靈化」的結果，卻是這種整合與統一的連繫已被瓦解，臺灣再無「實體」的黨國機器，只剩下一個個不知所云，除了作秀之外，再也沒有實質意義的「幽靈」飄浮。這是個基本的鐵律——制度內可以解決的問題，不在制度內解決，最後是它的不可能解決。「憲策組」、「陸指組」、「國是會議」「國統會」這幾個超級大「幽靈」，如果我們能注意它們形成迄今的表現，或許卽會發現，它們固然都鬧過一陣新聞，但那個機構曾經規規矩矩作好過一件事情？「幽靈」就是「幽靈」，一點風聲，一抹閃光，什麼都不會留下，卻只摧毀了原來的「實體」！

逃避監督方便行事

第二，它是黨國機器的「隱匿化」。多少年來，臺灣的當政者爲了逃避監督，以方便行事，卽流行將「實體」予以「幽靈化」。許多國營企業的轉投資，明明擺著是政府機構，而且是預算支應的機構，卻被「基金會化」或「財團法人化」，從此它們就成了一個隱形王國，少數權雄人物的禁臠。這種趨勢，隨著國民黨危機日增而更加快進行，警察之進修與獎勵乃是政府本身之工作，而居然向企業界伸手，伸出了這樣的手，我們將很難猜測它未來將以甚麼作爲報償。再以「海峽交流基金會」，名爲民間，其實人人皆知它是公權力的「代執行機構」，它究將如何被民意監管？近代英國學者庇克萬斯注意到許多保守政權將公權力

「隱匿化」的現象，國民黨黨團機器的「隱匿化」，我們焉能掉以輕心？

第三，它是政治走向惡質的重編之方向。我們一向主張並呼籲企業界參與公共事務，但企業界的參與應當在於社會的各種自律事項，而臺灣目前的這種企業界參與，卻與社會自律毫無關連，它是一種勢力的被編入，虛名與金錢交換，企業家在這個重編過程中除了金錢與虛名外，毫無發揮，「警友會」與「海峽交流基金會」裏掛名的企業家們應心內有數，他們可能對兩岸關係的開展與和平作出貢獻？他們不過是「幽靈」中的「幽靈」，我們政府其實正在糟蹋這些企業界的資源！

進出舞臺擅自運作

最近臺灣的政治與社會，累積的問題已愈益深重，但回顧這段時間，卻是黨團機器日益癱瘓，「實體」部分在退縮，而每天在舞臺上跑進跑出的，卻是一個個「××會」與「基金會」，它們都是「幽靈」，卻無實質的功能，就以大家關心的兩岸事務爲例，疊床架屋的「幽靈」多至難以計數，但連起碼的政治及法律定位均無，「行政院陸委會」甚至連組織法均未通過，即擅自運作，各機構之關係爲何？如何監督？兩岸關係除了「熱」與「冷」這種

是不是該向大家說一聲抱歉？

高潮起伏，臺灣人民備受驚嚇的一九九〇年國民黨變局，終於在八大老的穿梭中介，蔣氏家人的大義滅親之下，而戛然終止。「林蔣搭檔」已告灰飛湮滅，正副總統不會一黨而鬧雙胞。在媒體一片讚揚歡慶的此刻，我們只有悲傷——國民黨負欠於臺灣人民的何其眾多，還要受到它的驚嚇！今後，國民黨除了痛定思痛的從事大改革外，還有什麼方法來向大家說抱歉？

權力衝突病態溫床

中國古諺有云：「物必自腐而蟲生。」西諺也說：「滾動的石頭不生青苔。」國民黨這次驚天動地，令人驚惶的權力大變局，顯然不是李登輝所說的「少數同志有意見」一句話就能解釋的；一場巨大的權力變局不會發生在健康的體制上，這場變局已無聲的說出了一個最斬釘截鐵的事實——國民黨已得了嚴重的惡疾。權力變局如果是腫瘤，那麼它寄生的病體才是眞實的原因，這個病體已需要作徹底的診斷。

國民黨當然是得了惡疾。蔣經國逝世不過兩年，它的「共治」基礎卽一點點的被剝落，終至點滴無存，於是赤裸且粗暴的動作與語言遂不斷的輪番上演。這是一種政治學上所謂的「政治衰敗」現象，意指原有的秩序與品質在凋落之中。這種「政治衰敗」現象在國民黨「臨全會」後的一個月內，更茁發到絲毫不知避忌的程度。

一種「政治衰敗」現象的出現，任何具有理性的思考，都不可能委諸一、二簡單的理由。近年來國民黨的「政治衰敗」現象日甚一日，如果探其因由，卽會發現到，它其實是以眾多錯綜複雜的結構性問題爲其前提，包括權雄人物們在心靈及行爲層次上迄未從事自我的民主洗滌，因而彼此的對待遂反覆著以往那種「支配——反支配」的模型，而沒有展現出新的「互尊相容」的準則；同樣也包括了諸如決策形成管道的阻塞，諮議機關的日益廢弛，人事通道日勝一日的狹窄化，……。所有的這些前提，它們都有一個箭頭，那就是指向權力衝突的爆破點。一個病態的結構，已爲權力變局這個腫瘤準備了溫床。

政治衰敗令人憂懼

而「政治衰敗」現象不斷的深刻化，在過去一個月內，甚至發展到令人殷憂怖懼的地步——隨著高層關係的緊張，雙方面都到了無所不用其極的地步，於是，爲了正副總統大選，國家安全局及調查局的特務部門開始介入，偵伺及竊聽言行開始公開化；而另方面，又有軍人直接介入政權爭奪的醜劇；兩方面又均擅於操控新聞媒體，於是各種亂假新聞也告出籠。

沒有實質權力者參與政治事務，頂多惡形惡狀；而有實質權力者之間的權力爭奪，卻可能是將國家委予的權力用於黨爭之中！

這種諜報偵伺及新聞攻防的出現，乃是國民黨的「返祖現象」——在四十多年前，他們極嫻熟於這種方式的權力爭奪；我們恐懼的卻是：當它在內部權力爭奪時都偵伺竊聽，它以往公開說的不會竊聽人民電話之事，有誰還會相信？它的各個派閥機關天天散佈各種虛假的消息，人們對臺灣的媒體怎麼還會相信？一個爲了黨內紛爭已無所不用其極的政黨，等到有一天經由選舉而必須讓出政權時，它會作出多麼不可思議且瘋狂的事情？當我們愈往這邊擬想，我們就愈對臺灣的民主前途感到絕望。

這就是國民黨權力變局所給予我們的啟示與傷害。經由這番變局的赤裸裸表演，任何人都等於上過了最眞切的政治學，再也不敢對它作太多的期望；而人們普遍受到的傷害卻是對人的失望——一個自詡泱泱的政黨，經過百年的淬煉，爲什麼還產生不出一點起碼的民主火花？

危機解除問題尚存

這就是國民黨，它膺受人民的附託，始終不能也不願將我們的國家帶往民主的大道；它自己所反覆的則仍然是那反覆了好幾千年的同樣邏輯——國家與黨不分，軍人依然介入政爭，特務仍在偵伺大臣，仍然只會權力鬪爭而不會民主折衷。

不但整個權力變局反覆著這些古老的邏輯，即使這個變局危機解除也同樣的反覆著這樣的邏輯。它不是紛爭的各方理解到共同的利益，而主動相互忍讓折衷出新的解決方案，而是大老們出動（這是封建族閥主義的老技倆了），蔣氏家人出面（解決現在的問題仍然還要庇蔭於過去的強人政治），以各個擊破這種「策略性擊倒」的方式來化解掉這場危機。危機的解消所依靠的方法都是「權術」，而與民主磋商毫無關連。由於危機的化解無關乎自由民主，國民黨自然不可能因爲這場權力巨變而長的更大！

任何危機的解除，都必須針對危機產生的眞正根由而作出改變。作人情、用關係來動之以情，或許可以解決問題，但問題的深根則依然盤踞！誰知道它將來什麼時候又會再抽出芽來！

對於這場權力變局，我們自始卽以爲憂，因爲一旦「主流」「反主流」果而對決，那麼它就會是一個漫長而雙方都走向死滅的過程，被拖曳的則將是全體臺灣人民的共同福祉。因此變局在最後關頭出現戲劇性的轉化，戛然而止，我們頓感釋然。然而，細心追索，先前的沉重難道是無辜的臺灣人民應當嚐受的嗎？我們難道沒有免於這種沉重的權利嗎？

拒絕接受無聊驚嚇

基於此，我們認爲眼前危機的解消固可釋然，但卻應該是國民黨沉重的開始。它不能與我們一樣輕鬆釋懷，而毋寧應當將這種變局所加諸臺灣人民的壓力視爲羞恥——這是國民黨始終未曾對內對外加速民主化所結成的惡果，這種惡果又反過來成爲重擔，加諸人民的心靈，受到驚嚇而栖皇，人民果眞那麼衰尾嗎？如果再有下一次，人民一定會怒吼：我們要拒絕這樣的驚嚇！

危機解決了，人們可以輕鬆的酣然入睡，在夜半時分，請國民黨袞袞諸君不要同樣睡去。多捫心自責，多爲同胞們擔一些憂慮，多爲自由民主作一些無私的擘劃。李登輝就任之初曾說過施政要有「氣勢」，我們期待一個有「氣勢」的擘劃能夠出現——人們樂於被有「氣勢」的政治所震動，卻再也不願受到權力變局這種無聊的驚嚇！

拜託，少玩一點「扯皮政治」吧！

或許中國政治人都是太聰明的人種，因此他們都最擅長拉拉扯扯，既要面子，又要裏子，言辭堂皇詭辯，內心卻將他人都視爲傻瓜。這是種嬰兒心態，要得盡一切好處，拋撇掉任何一點壞處，然而，世界其實並無眞正的傻子，那些自以爲聰明的人，終極註定是失去了面子，當然也丢了裏子。

敷衍兩句有傷風度

對於這些太聰明的政治人，無論他們得意或失意，都與尋常百姓無關，我們擔心的只是，這種太聰明的人，他們的拉拉扯扯卻壞了我們整個社會的規矩：政治再無是非、誠信與責任，人們看到的政治只剩下兩張嘴皮！尋常百姓談論政治，最常聽見的感歎：「都一樣，誰都一樣啦！」這種感歎中有世故與無奈，但換個角度看，它卻是最深沉的抗議——我們的政治怎麼會變成這種爛泥般的狀態！

最近的立法院，正爲了院長梁肅戎的錄影帶事件而紛紛擾擾。其實，中國當官的碰到刁蠻的代議士，應付或「敷衍兩句」乃是常事，只是講出「敷衍兩句」這樣的話有傷風度而已，但果若說過這樣的話，坦承下來，他人也只得「我不喜歡，但能接受」。簡言之，「敷衍兩句」並非什麼嚴重得大不了的事。在這個油價將漲，景氣低迷，人心惶惶不可終日的時刻，誰還會去管嘴皮子政治人的閒事。

然而，在中國那種「大官永遠不會也不能犯錯」的傳統下，卻傳出變造錄影帶，將說過的話消音的超級大鬧劇，小事變成大事，而且又被拉扯到什麼朝野抗爭的老題目上。任何事務經此拉扯就愈來愈模糊、漫漶，誠信與擔當從此消失。個人失去顏面事小，留下的壞榜樣才是事大。

聖火繞島扯皮構想

「錄影帶風波」是種扯皮，「釣魚臺事件」中那個絕妙的聖火繞島一週，同樣的也是扯皮。由外交部長錢復在立法院的答覆，我們可以將聖火繞島一週作這樣的重組：當民間新保釣運動出現，政府爲了化解這次運動，聖火繞島構想遂告出現，外交部並和日本方面溝通，日方答應不作攔阻，孰料日方卻於最後關頭食言，派遣機艦「勸退」。在官方構想中，聖火繞島卽是主權的宣示，繞島成功後，主權就是我們的，至於島上的燈塔是誰的就不再重要，繞島功臣返回後也就一定被媒體炒作成了主權英雄。根據這樣的邏輯，我們的聖火實在更應當去繞美國一週，那麼美國的主權也是我們的。棄實就虛，用假問題來掩蓋眞問題，我們的外交部實在聰明絕頂。

因此，我們眞的應當感謝日本海上保安廳的阻攔，如果他們依約未阻攔，我們在繞島之後一定陶醉在「釣魚臺主權是我們的」的虛假狂喜中，他們的阻攔，終於讓我們清楚的知道：「釣魚臺原來是日本的！」

聖火繞島是一種扯皮的構想，它不去面對問題，卻只是躲閃，既要面子，又要裏子，因此，我們的外交部竟然和自己宣稱是「假想敵」的日本串通套招，目的卽是要塑造一種「釣魚臺是我們的」的假象，用來鎭撫人民的主權情懷。對自己的人民都用這種和「假想敵」套招的技倆，其心實在可誅，而將別人都當傻瓜的結果，卻是它們自己的面子與裏子一起喪失！

簡單問題逐漸模糊

既要面子，又要裏子，將別人當傻瓜，又可以從取締民進黨電視臺之事找到端倪。

臺灣電子媒體的開放，早已人心所趨，但我們的官方卻始終推託阻攔，於是造成地下電視臺的滋生，既是地下，當然缺乏基本的職業倫理與信條，它們任意播放錄影帶節目，胡亂侵害合法錄影帶業者權益，於是，新聞局遂有了義正辭嚴的取締的理由，合法業者當然也就在取締之後出來指責這些地下電視臺。於是，一個原本簡單的問題遂告複雜化，是非開始混亂，資訊自由、公權力權威，智慧財產權保障，政治反對派這幾個在任何民主國家都經緯分明的領域，在臺灣卻被攪成糊狀的一團，大家相互指責扯皮，統治者用智慧財產權保障來打擊反對派，而反對派卻用資訊自由來掩護侵害智慧財產權。是非混淆，責任推搪，它的惡果是我們的政治淪爲耍嘴皮，相互攻訐的惡質遊戲，而整體社會也就在這種他們共同唾沫所弄成的稀泥中逐漸心冷，眞正傷害到的是我們最基本的公是公非的判斷！

這些扯皮的事，充斥在臺灣政治人的行爲以及統治者的決策中。我們的駐外人員爲了保護僚屬同仁的生命安全，在已無路可走的情況下，向中共駐外人員求助，因而全員安全返臺，而我們的官方卻面子裏子都要，在得到裏子後，卻滿嘴風涼話，又將負責者處分結案，他們的居心簡直是「臺灣人的小孩死不完」。他們將國民的生命、政治立場、忠奸觀念等混淆在一堆，彷彿二百多人全部死掉，他們才覺得心安。

扯皮夾纏淹沒眞實

這就是扯皮、夾纏，什麼「主權」、「事實主權」、「有效管轄權」，「實質獨立已四十年」的糾纏亦然，扯皮與夾纏，乃是將許多涉及誠信，政治責任，政治擔當，政治是非的問題，簡簡單單的攪和在許多不明的概念中，使人迷惑與中蠱。其結果則是一切眞實都被淹沒，一切進步應有的方向都被塗抹，我們就再也看不到路標，甚至連怎麼去判斷人的善惡奸滑都失去了座標！

這乃是臺灣眞正的危機，一切標準都在扯皮與夾纏中被塗髒，政治人再也作不出能夠令人感動與敬佩之事，而成了心術者、算計者才會玩的荒誕鬧劇。一個社會有標準與是非，它就不使人失望，而我們社會少的就是這些！

無論錄影帶製造疑案，無論釣魚臺與「假想敵」串通套招，或者「義正辭嚴」的取締地

「贓掠之徒」的政治

一八六五年，美國南北戰爭結束之後，直到二十世紀初，乃是所謂的「贓掠之徒」的政治時代。而現在，臺灣「贓掠之徒」的政治時代也似乎逐漸到來！

上個世紀美國「贓掠之徒」的政治時代，形成於南北戰爭結束，工商資本急速擴張之後，一羣羣白手起家的工商鉅子應運而生，個個躊躇滿志，英武縱橫。他們輕易賺得富可敵國的財富，成爲世人欽羨的目標，也爲「成功」作了榜樣與註腳。在那個人人崇信「適者生存哲學」的時刻，他們成了「適者」的定義。

這些豪富之徒自認是國家財富的創造者，輕視那些對他們動輒設限，不過中下資質的政客官僚或者國會議員，於是，他們收買政黨議員，甚至及於大小官僚，創造出一種舉世罕見的政治被集體收買的現象。在人人追逐財富的價值誘導下，富者收買政黨，而政黨則賣官貪墨，甚至多位總統都不能避免，政府成爲分贓之所，政黨則成了佞倖之徒鬻官售爵的議價場，國會簡直如同交易商場。

贓掠之徒橫行臺灣

這就是「贓掠之徒」的政治，垂三十年不止。這種政治造成的是政治品質的崩壞，貧富對立而生的階級衝突日益升高，以及政府將軍隊交給豪門巨富指揮以鎮壓勞工暴動的悲劇。這種惡質的政治，直到老羅斯福時代始逐漸終結。

美國歷史上「贓掠之徒」的政治，乃是政商勾結，商人主控了政治的奇景惡果。這種政治乃是赤裸裸有如原始叢林的金權政治，由最近證交稅的風波，號子立委的橫行，我們簡直可以說，臺灣「贓掠之徒」的政治業已開始。

近年來臺灣政治，乃是「上帝不存在，一切皆可爲」的政治形態，這乃是民主政治終究必須支付的「學費」——只有人們在「一切皆可爲」之後，或許才能尋找出在民主政治裏那些「可爲」或「不可爲」。不過，儘管人們仍在尋找「可爲」「不可爲」的界線，但至少有一點已可確證：那就是，惡質的金權政治絕不可爲！因爲，這樣的政治，業已違背了起碼的公義，而且是將不義的果實由社會共同負擔的非正義！

金權政治違背公義

然而，我們的實際政治又如何呢？就以近年來社會景象的變化而論，由於權威鬆動，社會結構趨向分散，臺灣社會早已游離出許多足供巨富豪門馳驅的自由空間，房地產、股票、期貨、外匯、各類特種營業，無一不可供炒作或聚斂財富。追逐金錢，享受生活，成了人們普遍的新價值。證券交易所營業員月入二百萬，年終獎金一百個月，則成了所有有志青年最期望的職業。

而於此同時，則是選舉費用日形騰貴，美國眾院議員之選舉費用平均約二十萬美元，參院議員約五十萬美元，還抵不上臺灣的一個市議員。於是，奇特的政商關係遂在臺灣形成，企業利益團體聚資支持候選人是一種，而財大氣粗的號子支持代言人更是稀鬆平常。就以新科立委爲例，堪稱「號子立委」者卽當在三十人上下，而且不分國民黨與民進黨皆有志一同。

證稅風波劫掠社會

於是，挾帶著四百萬人頭戶「羣眾」，以及龐大的金權政治壓力，證交稅的風波遂告出現，而且還僞稱「民意」「降稅裕民」，如此赤裸裸的金權政治，已名實相符的可稱爲「贓掠之徒」的政治！數年前，蔡辰洲挾其鉅大財富，縱橫立法院，組織「十三兄弟會」，爲世詬病。比起今日的號子立委，蔡辰洲又算得了什麼？

證交稅的風波，乃是金權政治的劫掠。在「贓掠之徒」的政治時代，能夠制衡的只有政治的煽動家。上個世紀，美國贓掠之徒當道，政治及社會公義只靠著諸如威廉布萊揚等少數人來維繫。

也正因此，我們對兩個分屬敵對政黨，但卻都有煽動家特性的朱高正及趙少康願表敬意——因爲，他們開始爲「可爲」「不可爲」之間，找到了一條界線——而臺灣稍微有點水平的民主政治，所需要的，或許也就是這種具有積極意義的煽動家！

惡質現象需加防範

不過，證交稅的風波儘管將漸趨沉寂，但由新科立委的結構，以及工商豪室日益增大的遊說收買功能，以及國民黨傳統之中卽已深埋的政商合一特性，我們對往後臺灣金權政治的發展卻依然憂心，可以預期，往後任何有關土地、稅率、營造、獎勵投資……等的法案，均必然是金權政治動員的時機，而在我們的政治體制之中，並沒有任何規範使我們能夠放心人民的利益不會在議事槌底下被偷偷的「議價出賣」！對於「贓掠之徒」、證交稅事件乃是一次失敗的演練，因爲它不幸被攤上桌面，往後任何有關利益之事，均必然會被轉往桌下議價。

正因爲有著這樣的焦憂，我們認爲，在警覺到「贓掠之徒」的政治已開始在臺灣出現的此刻，爲了政治的基本公義，或許已到了我們籌謀新體制的設計，以防範這種政治惡質的時候了。我們對利益團體的政治遊說及參與有沒有規範性的法律？我們對國會議員的政治資金及財產有無核查之方法？……民主政治理應是「一切攤在太陽下的政治」，而我們的「陽光法律」在那裏？一個美國眾院議長不過爲了數千美元不當收入卽告別政壇，根據這樣的標準，臺灣的立法委員怕不要滾蛋近半！

證交稅的風波是個警告——臺灣的「贓掠之徒」的政治已告出現，民意代表及百姓們，今後要多加小心了！

剝下公共工程表面的政商刺青！

推動十一年，耗資一千二百一十七餘億元之「臺灣省基層建設計畫」，經行政院核查結果，發現其品質普遍堪慮。省府官員自承，品質低劣與省議員、立法委員等利用「政商關係」瓜分工程有著密切的關係。在這個「政商關係」縱橫臺灣的時刻，我們又多了一個例證。

工程積弊由來已久

現在的臺灣，眞是個空前的「政商關係」時代，那一邊的華隆案「政商關係」涉及不當利益輸送，只拍蒼蠅，不打老虎，全案仍在這種半掩半遮的尷尬情勢下虛懸，也不見當事人本於道德良知，毅然決然的辭職；這邊又見到「政商關係」侵奪了地方建設的公共工程品質。而「政商關係」乃是一種具有等級差別的構造，低層次的「政商關係」只能分分地方建設；我們擔心的是，高層次的行政院看到了地方建設裏的「政商關係」，而它自己則陷在一個更高層次的「政商關係」中，前者出賣的是地方人民的利益，而後者所敗壞的卻是國家的基本格調與格局。

因此，在這個「政商關係」縱橫，而我們耗資八兆二千億元，單單公共硬體投資卽達五兆二千億元的「國建六年計畫」卽將推出的時刻；對於這個工程額度不遜於科威特戰後重建的工程市場，我們不禁爲它的前途擔憂起來。這五兆多億將會被什麼樣的「政商關係」所蠶食鯨吞？臺北市捷運系統南港線工程弊案的爆發，耗資十餘億的航管自動化系統採購案喧騰人口，儘管這兩大案仍眞相未揭，但其本質均爲「政商關係」則一。

臺灣重大營繕機電工程之弊，由來已久。上焉者，由少數具有國公黨營色彩之工程顧問公司寡佔，招標淪爲官商私相授受之比價議價，寖假且再淪爲聯合壟斷之分配，工程延後無人負責，工程款尚可事後追加，自己的這個口袋賺那個口袋的錢，捷運系統爲國建計畫的重點之一，它由少數這種公司寡佔，已眾所共知。

閉室密商進行圍標

正因爲有著這種「內部利益由少數公司寡佔」之事實，於是遂衍生爲其他國內商人及外國外商公司穿梭其間以求分包或分配的空間。國家劇院的小小燈光工程，不知花了多少億，輾轉一包，再包、三包，最後燈光「當機」，即具體化了營繕機電工程的現狀。社子堤防也一包再包，卒至偷工減料，而且最上游幾乎無可避免均爲「政商關係」。五、六〇年代，臺灣各類工程盛行流氓「圍標」、「搓圓仔湯」；經過二十年的發展，往昔紋身的流氓在開標場所橫眉豎目的場景，已變成穿西裝會講英語的「現代化流氓」關室密商，以另一種方式進行「圍標」及「搓圓仔湯」的局面，「紋身流氓」變成「現代流氓」，而工程程序與結構卻依然相仿！

日本復建公司確實涉及捷運南港線弊案，該公司也確實匯至臺北六千萬日圓活動費，其餘詳情迄未全明。然而可斷定的是，復建公司不當「活動」一案，必然要鑲嵌在上述工程程序及結構中才能理解，而這個案件又再一次的彰顯了這個惡質的程序及結構。

近年來全球經濟低迷，外國各類工程公司均汲汲於創造或爭取工程消費市場，其大焉者，如加拿大及美國公司，不惜發動巨大遊說壓力唆使中共興建三峽大壩，爲它們閒置之重型機具尋找動用之場所；而下焉者，則覬覦科威特一千億美元以上的戰後重建市場，以及臺灣「國建六年計畫」五兆二千億新臺幣的公共工程市場。最近一期的《美國商業周刊》即對臺灣這個工程市場作了報導，字裏行間，充分顯露了美商對臺灣工程市場的濃厚興趣，以及它們對日本商社近水樓臺將分潤大多數利益的憂慮。除美、日之外，據我們所知，諸如法、義、韓、澳等列國也都對臺灣工程市場念茲在茲。

對手不滿一國壟斷

外國公司覬覦臺灣工程市場，使臺灣受到更多的注意，有助於我們在國際社會中的氣勢；然而，這卻也正是我們懷疑且憂慮的地方：我們官僚體系的能力，我們對公共工程程序及結構之宿疾，甚至我們整個亂七八糟的官場文化與政治，它將如何保證自己有能力來處理如許複雜的國際工程壓力？當外國大公司挾帶外國政府政客的背景，以一種君臨的聲勢抵達臺灣，一個更獨特的「政商關係」難保不因此而形成——即臺灣政客與少數特定外國公司更緊密掛勾，朋分臺灣的一切利益！由於這是一種新的跨國性「政商關係」，而不是能夠以客觀公共工程標準及程序讓人信服的國際標。難保不在侍候某些國家之後，反而招致其他國家的怨恨！

最近喧騰人口，有關交通部採購航管自動化系統的案件，即是一樁具有特別意義的案件。有關此案，由於涉及諸多專業問題，而且爭論方興，難以論斷。值得注意的是，我國交通部以鉅額經費聘美國顧問公司規劃未來之航管計畫，這家公司卽決定了採購的技術評審，最後得標者當然是美國IBM公司。這種工程程序由一國壟斷，自然使競標的法國公司不滿。此類事例若繼續發生，討好這個，得罪了那個，甚至「工程外交」也可休矣！

無論國內工程或涉及他國公司之大工程，以上所有之事例，它共同標示出的問題是，我們的一切公共工程均被各式各樣的「政商關係」所決定著，所缺乏的乃是最重要的合理之工程決定程序。當這種「合理性」未曾出現，政府不會有權威，國家不會有尊嚴，得標者不會尊重這個工程，落標者卻會痛恨。當這種「合理性」未曾出現，關起門來，它就搞自己的「政商關係」，政治永遠不會清明；打開大門，它就只好向更大的「政商關係」屈膝，永遠獲不到友誼！

因此，結束「政商關係」，重建「合理性」吧！

臺灣被鯊魚包圍了！

不過一個多星期，臺灣即陸續發生多件涉及財產的暴力與非暴力犯罪：

財產犯罪虛無產物

——南部一名立委開設的證券公司，發生私自挪用自有資本一億多元的案件。

——「新光集團」少東被綁架勒贖一億元案。

——偵破最大宗的安非他命案，市價一億元。

——士林社子堤防發生嚴重的官商勾結及偷工減料案。據臺北市議員稱，本案之關鍵乃是工程層層轉包，上游一家由議員控制的公司，只不過轉了一包，即落袋六千萬元，而且毫無風險。

——偵破槍擊要犯林來福案有功的刑事局組長馬德熙，夥同臺中縣霧峯分局一名警員，勒索六合彩組頭六十萬元。

——高雄前金區發生刼案，一名老婦被刼存單六百餘萬元。

——士林一名商人被綁架，勒贖二百九十萬元。

無論暴力或非暴力的財產犯罪，它與諸如情殺、仇殺等刑事案件的本質完全不同，後者所反映的不過是激情與暴戾，而前者卻是對整個社會價值與正當性的否定，當這種犯罪不斷增加，它就不再是單純的治安問題，而是社會存在的正當性已一層層的在剝落。這才是我們眞正憂慮的所在！

暴力或非暴力的財產犯罪，都是虛無心態下的產物。犯罪者對財富正當累積的過程已不再相信，於是他們就用各種方式去「搶」——綁架、貪瀆、勾結、販毒、搶刼、勒索，都是這種「搶」的不同表現形式。儘管現實的法律之中由於隱含的階級與體制偏差，因而給予這些「搶」不同的量刑標準，搶銀行及綁架資本家的罪刑重過貪瀆與官商勾結，但就整體社會的立場而言，這些「搶」對社會價值的摧毀則一。它們都是鯊魚，正包圍著臺灣島。

鯊魚嗜血兩個因素

這些鯊魚的嗜血性是被兩個因素所喚醒的：

——目前的臺灣，乃是一切「權利」的判斷標準都趨向模糊的時刻，並且普遍的被化約爲最原始的「力」。於是，「政治鯊魚」、「司法鯊魚」、「工商鯊魚」充斥。自然的，不尊重他人財產權的新鯊魚羣也聞風而至。這些新的鯊魚並非「無知莠民」，相反的卻是具有高度覺悟的人種，中央級的中層警官馬德熙、留學過美國的胡關寶、保齡球國手張家虎，這樣的組成已不是「貪圖僥倖」，而是徹底虛無及否定一切的一代之縮影！而虛無不正是我們這個時代的特性？

——往後的臺灣，已可肯定乃是一個愈來愈固定化的時代。未來的人們將不再有父執輩那一代的好景，人們愈來愈難依靠特許權利而致富，提著皮包走天下而到中富境界的時代也早已結束，往後的人除非擁有高科技或有個好父母，否則即注定平凡勤苦一生，而物慾無窮，「嫉妒」將成爲人們普遍的心境，由於「嫉妒」而被勾引出的虛無、無所不爲，以及被合理化的自暴自棄，也將注定成爲我們這個時代大家共同的重擔。

一個多星期以來，臺灣充斥著各類暴力及非暴力的財產犯罪案件。琳琅滿目的這些案件，其中就潛存著繼續挑撥後繼者繼續從事這類犯罪的誘因。以社子堤防弊案爲例，那些沾到政治特權者，工程不過轉了一包，不流一滴汗，卽「合法」獲得六千萬元利益；再加上稍早前那些「微罪不舉」的達官鉅賈，以及炒作股市、內線操控而只負輕罪，甚至由他人頂罪的案例。

强盜公侯敗壞民風

凡此種種，它所印證的乃是古諺「竊國者侯」這句話的眞理。除非社會的正義準則擺脫西方法諺所說的：「縱法律綿密如網，唯強者能鑽透之。」否則我們卽難以期待各種鯊魚的絕跡或斂跡。新光少東被綁架案的涉嫌人胡關寶說：「狼走遍天下吃肉，狗走遍天下吃屎」這句話使人不由毛骨悚然，因爲它所蘊涵的，不多不少，正是最冷酷，但也是最淸楚的「鯊魚邏輯」！

臺灣的「鯊魚邏輯」當道，自然的令我們回想起美國百年多前也同樣是「鯊魚邏輯」當道的時代。當時，美國出現一羣藉特權、壟斷、詐術、豪奪等而成巨富的鯊魚，人稱之爲

「強盜公侯」（Robber Baron），這些鯊魚勾引出無數鯊群，敗壞了美國立國以來的純樸民風與新教倫理，國事幾至無可爲，而它終於在上個世紀末至本世紀初的時候被逐漸收束，羅斯福時代底於大成。整頓鯊魚風氣的關鍵乃是重建正義準則：包括政治倫理重塑，約束社會風習，使鉅富所累積之財富，用於教育文化及公益事業，由富而貴，不再惹人嫉妒，但卻換來尊敬與感謝。羅斯福的「新政」，一般見解僅視之爲擴大公共投資，創造需求的凱因斯學說之履行，殊不知它更重要且深層的意義，乃是整套倫理規範的重建，以及「鯊魚邏輯」的消滅！

對於威脅他人性命、侵犯他人財產、名譽、身體的臺灣羣鯊，無論任何理由，我們都拒絕同情，然而，作爲住民的一員，人們更應關切的，或許反而是包圍著臺灣島，使企業家心神不寧，使普遍百姓憂心忡忡的「鯊魚文化」產生的源頭。當此行政院推展「國建六年計畫」，並自勉爲「臺灣新政」的這個時刻，或許行政院更應理解到的，乃是「新政」之中重建正義準則的許多劃時代的獨特設計與心意吧！

政治人物不是聖誕老人

在臺灣，從事政治活動可能是最容易的營生。不需要大腦，不需要管今天高唱的邏輯，正好就是昨天在譬罵的邏輯，只要有一雙善於察顏觀色和揣度風向的眼，以及能長出蓮花的舌頭，就能成爲最好的政治家，三不五時的會被羣眾當作民族救星的哄抬上肩。

聖誕老人順應民意

而風向並不難測知，因爲有「民意」。在這個「民意萬萬歲」，民主政治就是「民意政治」的時代，政治活動家只要把握「天視自我民視，天聽自我民聽」的訣竅，一切順應「民意」，扮演好聖誕老人的角色，他就會獲得最大的成功。政治相當於好人好事，何必多事喋喋的「顧人怨」！

因此，既然退伍老兵對戰士授田憑證充滿盼望，這是「民意」的象徵，身爲民意代表的立法委員，自然應當快快通過，多行功德。

因此，股市投資人利益受損而走上街頭，並喊出「沒有股票，就沒有選票」，爲了體察民意，財經機關自然慌了手腳，開始拉拔股市，以免違逆了民意和失去選票！

而軍公教人員也生活清苦，他們好歹也是「民意」，犯不著忤逆，能替他們加薪，自然應當每年平均一〇%的加上去；而在賦稅上自然也應當多作考慮。

財稅機關清查工商界的逃漏稅案件，民意代表更加的要反映民意了。而七千多位未經考試取得資格的學校職員，自然是更大的「民意」，必須照顧。「民意政治」的眞諦是，「民意」要甚麼，我們就給什麼。由於最終極的「民意」是免於納稅的自由，未來的總統直選肯定會有一名候選人打出六年任期內免稅的政見，而且保證必能因爲「民意」的擁戴而山崩式的當選。在「民意」當道的時代，如果遇到沒有「民意」的人的挑戰，當然也就很容易的可順利過關：客氣一點，可以答說「這是不得已的現實考量」，不客氣的話，就叫他「你有沒有『民意』基礎？沒有『民意』基礎就不准講話」！

由於這邊「民意萬萬歲」，沾上「民意」就能比別人大聲，於是，另一邊也就盛行「民意調查」起來，一個、兩個、許多個「民意調查基金會」相繼設立，由於「民意調查」也是

「民意」，它同樣的也能使人講話大聲，作事也有了依憑的基礎。

民意基礎强力靠山

這就是臺灣的政治，一種由於歷史積累的因素而扭曲了的政治。資深中央民代的不改選，省市首長的官派，長期的行政權一支獨大，言論自由的被擠壓，唯一的政治窄門即是選舉，選票與沒有選票，變成了「有民意」與「沒有民意」的對立，惡質的不改選政治，激發出的乃是同樣惡質的「有民意」的政治。於是，這樣的對話場景，遂成了稀鬆平常的固定節目：一個省議員疾言厲色斥責廳處長，對方爬起來辯解，就經常出現這樣的訓斥：「你有沒有民意基礎？沒有民意基礎就坐下！」選票乃是政治殿堂及格賽的初試過關，而臺灣的政治現實，卻使它成了新的君王。「民意」的被如此膨風，臺灣政治再也沒有了對話。

而這種「民意政治」又被當今的政權保衛與爭奪所強化。國民黨面對這種「民意政治」的挑戰，也開始回頭爭取「民意」起來。國家的本質乃是居於各種人羣之上，調和利益，折衷取長，有時爲了長期利益，而必須放棄短程好處；有時則需調度資源，照顧某一羣體；更有許多時候必須強制作爲。而這些都是「顧人怨」的歹事，在這種「民意政治」的時代，國民黨及國民黨的政客們當然並非最愚蠢的一羣，於是臺灣政治「聖誕老人化」的新時代遂告來臨。

這眞是臺灣人民的黃金時代，只要敢於要求、敢於準備一隻大襪子，我們的各家「政治聖誕老人」必然恭恭謹謹的送上一份聖誕禮物。如果我們回顧過去兩年的諸般政治表現，從戰士授田證、林園石化工業區的索賠、股友的需索，再到現在的六輕、特赦……，幾無一不是聖誕老人式的政治表現。全世界的政治再也沒有一國如此美好。而臺灣在毫無任何實質建設的情況下，竟然開始國庫日益空虛，預算吃緊，不也正足以證明它們都當了聖誕禮物。而各家「政治聖誕老人」紛紛饋贈的結果，最壞也只不過是花光七百億美元的外匯存底，大家散伙！

膨脹民意切割整體

或許這也可以說明爲什麼查緝中學生吸食安非他命如此雷厲風行的原因了——「聖誕老人化」的政治不適用於未成年的青少年，他們沒有選票，當然也沒有「民意」！

對於當前這種已失去了責任認知，將「民意」膨脹成了另一種法西斯型態的政治現象，我們眞正引以爲憂的是，臺灣政治的「權利」、「義務」關係已告混淆，政客們爭相向「民意」諂媚的結果是，「民意」不再是凝聚社會的力量，反倒成了切割整體的原因。這種媚俗的，將國民共同福祉當作政客們私人政治本錢的「聖誕老人式的政治」，它絕非民主，而是另一型態的新暴政。而我們的國會殿堂之上，人人不願「顧人怨」的鄉愿風氣，不正是政治退化的表徵？

民主政治當然必須有「民意」的基礎，然而「民意」卻不是民主的全部標準，它還必須添加責任、智慧、見識等更深刻的內容。而根據西方的政治經驗，當一種政治以「民意」爲無限上綱的準則，則反而可能是不理性寄生在民主之中的狂亂政治。

因此，讓我們期待那些不怕「顧人怨」，不願做聖誕老人的政治人物吧！

立法委員都在歪著嘴吹喇叭

或許，很多人都讀過一九五六年日本女作家三浦綾子所寫的大眾暢銷小說《冰點》及爾後續出的《冰點續集》。《冰點》以及它的暢銷所形成的「冰點現象」，其實已預卜了今日日本的復興。

冰點是靈魂洗滌劑

《冰點》及《續集》，它整個核心乃是「罪」的概念，包括了報復、不貞、戰爭殺人、對人的欺凌與侮辱等等。小說藉著「罪」的展布，以及「罪」所造成的「一個罪惡追逐著另一個罪惡」的本質，而總結成人的瞭解、寬恕，以及人的品質之提昇。《冰點》以活潑有趣的故事承載這些內容，喚醒了日本國民對於戰時罪惡的知覺，以及戰後日本國民胼手胝足的痛苦重建與贖罪過程的理解，於是，人的心靈因此而飛上了另一個高點。《冰點》之後，儘管我們仍能看到日本種種右翼或新右翼勢力隨時伺機反撲，但它們已幾乎再也沒有了可能。從文化的意義上而言，《冰點》在日本戰後重建初步完成的時刻出現，乃是最恰當時機的靈魂洗滌劑。它向日本國民揭示了一個更高的眞理──人死亡後，所留存的將不是你曾經獲得的，而是你曾經付出的。《冰點》及「冰點現象」的裏面，具有私的道德及公的倫理上的一些能夠感動人的力量。

由《冰點》的使日本國民感動，再回頭看連續四次我們偉大的立法院袞袞諸公之議事癱瘓與扭打成一團，醜話爛行的公然恬不知恥的上演，甚至兩個「爛黨」「亂黨」的權力鬪爭，我們不禁的要問：它們給了我們國民什麼樣的啟示？爲什麼我們的這些政客就沒有一丁點能讓人感動的東西。日本人稱臺灣的立法院是「世界十大奇觀」之一，那眞是再也恰當不過的稱號了！

民主不是拒絕自由

如果我們總結過去三年餘臺灣的整個政治社會生態，或許卽會發現，儘管我們高唱「自由民主」，但整體顯示的卻是：我們毫無疑問的已有了「自由」，但卻與「民主」毫無關連。如果說人類的公共生活乃是一個人的品質逐漸提昇的過程，那麼我們可以斗膽的說，過去的三年，我們的公共生活品質非特毫無提昇，甚至還被歪著嘴吹喇叭吹出來的奇怪聲音所蛀蝕。對於這種有了自由，而民主的品質卻不能承擔這種自由的現象，其實近代學術思想裏早就有過討論——這是一種「逃避自由」。因爲「自由」與「民主的品質」乃是共生的範疇。民主之品質愈高，民主之能力也必愈增，則必然能享有愈大的自由。民主之品質與能力不足，表面上雖言「自由」，但其潛意識所隱藏的，其實乃是弔詭的對「自由」的重量拒絕承擔。「自由」與「拒絕自由」遂顚倒過來成了同義詞！

過去二十年裏，全球陸續有三十二國自威權或軍事獨裁政權轉變爲民主政體，然而除極少數南歐政權如西班牙、希臘、葡萄牙外，絕大多數國家的民主道路均半途而廢，這些國家的例證不正提示我們，民主的道路其實絕不簡單，不是有了政黨政治就代表民主，也不是有了中產階級就有了民主，更不是有了選舉就有了一切；民主有一個無形但卻更重要的成分——那就是民主之下的人的品質之提昇。民主時代而仍以專制時代的人格構造與行爲模式來應付事務，這種不能了斷自己的尾巴的作法，所期待的不過是專制的再次君臨。

自以爲是形成鬧劇

基於此，自大法官會議釋字二六一號解釋出現，資深中央民代退職已有了法律的確鑿規定之後，其實一切有關中央民代的抗爭、杯葛、謾罵與厮打就等於完全結束，再也沒有「公共意義」，接下來的厮打胡纏，其實已非抗爭，而是沒有創造力的人撿拾他人的殘羹賸飯。由過去這段期間立法院通過之十二項低劣品質之法案，它似乎正坐實了一項我們的猜測——我們的立法委員諸公針對已解決了的問題胡纏厮鬧，其實乃是對本身立法院能力的怯懦。既然沒有能力在議事能力上重開戰場，就只好在老戰場上胡纏，讓每個人都變成爛泥塘的泥鰍！

過去四次立法院的癱瘓，我們可以充分看到它的鬧劇本質，以及各種充滿了自以爲是的嘴巴的角力。一大羣沒有創造力的人羣，說著自以爲聰明的話語，做著街頭羅漢腳也不會作的動作。昨天還參加厮打的人，今天看到報紙指責厮打無理，立刻就臉色一變，否定了自己昨天的過去，臺灣的人爲什麼個個都是那麼的聰明？而在這些聰明中，我們卻絲毫不覺感動，只是噁心！

品質提昇民主前提

而這也正是今日臺灣最大的隱憂。我們並不擔心中共，卻只擔心我們自己。我們兩黨的政客們都是最沒有創造力的一羣（不信可以做智力測驗），他們只汲汲於抄襲前人用慣的老伎倆，從總統文告、黨主席訓詞，到行政院長報告、中常會決議，以至於具體的立法院表現，三年多以來，我們從來看不到一件決定或一個動作具有感動人或提昇人的品質的力量。所有的人蠭擁在一個爛泥般的鬪場，消耗著自己，也消耗著他人，更重要的是，還正在消耗著我們共同的命運！爭到了權力卻失去了命運，這難道就是臺灣民主化的報償嗎？

民主政治的第一前提乃是人的品質的提昇，而品質的提昇靠的不是嘴巴上的小聰明，五千年的「嘴巴文化」，中國人從來就不缺這種小聰明。如果我們回頭重看西方的文明發展，它們總是每一次文明提昇的階段，就會有良好的政客先行，創造出新的，且能夠感動他人的新風格。新的風格即會變成傳統和集體的潛意識，藉著文化和制度而幽光傳衍，綿綿不絕。「感動」是一種「掛念」，一種「自我切斷」、「一種超越」，一種「新的向度」的開展，或者說，這就是一種「歷史的智慧」，而在我們多如牛毛的政客中，誰會是這樣的人？

高爾夫球場症候羣

山多地少的臺灣，截至目前，已核發了五十七所高爾夫球場執照，其中已開放營業者二十六所，三十一所正施工興建。然而，五十七所猶然不足，爭取開設球場者尚多，於是，第一信託投資公司以金錢、金幣和貴賓證進行賄賂的「高爾夫球場官商勾結弊案」遂告發生。截至目前，已有一名官員承認受賄，至少有五名官員正被調查。

週邊問題不容忽視

這起高爾夫球場官商勾結弊案，並不是我們意欲討論的重點，深信隨著調查的深入發展，案情必將日趨明朗。在此，我們眞正關心的乃是「高爾夫球場症候羣」的相關病症，因爲它牽涉到了「臺灣社會何處去」這個更值得探討的問題。

近年來，臺灣日趨「自由化」與「國際化」。從社會經濟的角度而言，「自由化」程度的增加，等於資本主義化的程度加深，反映在現實上的，遂必然是「階級社會」的出現。最近這段期間，臺灣貧富差距日益擴大，以往那種比較均質的社會構造也開始分解。至於所謂的「國際化」，對外固然是臺灣活力的增強，但它反饋回臺灣內部的，在目前這種世界構造裏，卻無疑的是「美國化」程度的加重。「自由化」加上「國際化」，我們一切唯美國爲法：高爾夫球場不厭其多，甚至開設賭場及賽馬場之議也已在研究之中。

社會塑造以民爲重

我們並不教條化的認爲高爾夫運動乃是貴族階級特權，因而反對。相反的是，由於我們了解到，社會階級的分化乃是必然，由於這種階級分化而衍生的生活方式分化也就勢不可免。基於此，貴族化的設施，以及爲了社會更趨自由，賭場或賽馬場等也都有其存在的理由。

不過，「有存在的理由」和「是否應讓其存在」「如何讓其存在」等乃是不同範疇的問題，這就牽涉到政策的評估及社會的塑造等更基本的問題了。

以西方國家爲例，這些國家的出現都是階級社會形成在前，並且鼓勵自由放任，加以多數國家如美國等亦土地廣袤，它們遂形成了具有大型平地高爾夫球場，大型貴族馬場甚至飛機場，以及賭城等的社會。這是他們社會的「社會塑造過程」。但縱或如此，近年來歐美國家亦有了改變；由於機場影響鄰近地區安寧，賭場所在地抬高了當地的地價，房價與物價，因而不被附近居民所喜，一種新的協商程序遂告產生，最爲人熟知的是，這些機場或賭場都必須與當地居民協商，補貼居民所受的地價房價損失，甚至補貼其他費用等。

除此之外，西方許多觀光地點，儘管球場賭場設施良好，但觀光事業發展的結果，當地居民反而經常並非受益者——觀光事業發展後他們不只喪失寧靜，同時也陷入高物價的生活困境之中，瑞士、義大利與英國均如此，因而發生許多社區的抵制運動，社區居民每稱之爲「觀光帝國主義」。

我們舉出上述的例子，所欲表示的是：㈠任何社會均有不同的「社會塑造過程」，不能任意抄襲。㈡任何社會的塑造過程，均必須讓鄰近居民協商參與，才能折衷出整體且共同的利益。

島國地理資源有限

基於這樣的判斷標準來看當今之高爾夫球場，以及醞釀中的賽馬場及賭場等問題，我們認爲：

㈠臺灣的自然及人文地理具有本身的獨特性，臺灣人口眾多，土地資源原已有限，加以臺灣地質多風化程度極深的砂岩頁岩，廣泛開發山坡地或荒地以興建球場馬場等，已屬有限資源的錯置，更遑論它對水土保持可能造成的遺害。基於這樣的理解，我們認爲，臺灣爲了滿足社會階級分化與娛樂體育的需要，顯然不能抄襲大陸國家的模式，這表示，以高爾夫球場爲例，我們的球場業已太多，而不是太少。

㈡我們並不主張球場、馬場、賭場之設置予以全面廢止，而主張每案均應作人類地理學與資源整體利用的考慮，除此之外，在作這些考慮時，必須讓當地鄰近居民之參與。以高爾夫球場之開發爲例，度假中心式的高爾夫球場，它對原社區的影響，可能包括了水土的侵蝕，公共工程對附近農地之侵害，球場這種型態的新結構穿進原來社會後的生活方式侵害（例如地價提高後自用住宅稅的增加，度假中心等帶來的物價上漲，以及可能的風化問題等）。在美國，諸如馬場及賭場等之設置，均必須將周圍若干公里範圍內的居民邀集協商，此無它，人類地理學以及社區民主等方面考慮而已。

臺灣命運掌握在己

㈢臺灣由於生活素質的提高，階級分化加速，社交活動及休閒娛樂的多樣化已勢在必行。由於臺灣的特殊性，我們認爲對於這個問題，臺灣理應設計出自身的「社會塑造過程」，或許，水上資源乃是最可開發的領域：例如遊艇娛樂和其他活動等，遊艇活動豈不比高爾夫球更爲「高貴」且「隱密」？水上活動的變化豈不比陸上更爲複雜而多樣？任何社會的模樣都必須靠自己來塑造，我們可以把臺灣社會塑造成人人愛花愛音樂愛文學，也可以把臺灣塑造成人人炒股票開賓士打高爾夫，也可以使人人好體育但卻多禮貌又斯文，……我們要怎麼選擇自己的「社會塑造過程」？

不同的社會應創造出自身的「社會塑造過程」，然而，目前的臺灣卻完全看不到這樣的過程，一切的一切都是傖俗的利潤追逐。財團在都市炒地皮之不足，於是轉而向鄉間山丘炒作，所謂的「高爾夫球場熱」即是它的症狀與後遺。臺灣土地資源有限，約百分之四十八的土地爲國家所有，在這種利潤的追逐之中，特權橫行與官箴敗壞等情事遂成了它的必然。第一信託投資公司所爆發的高爾夫球場弊案，乃是一起具有「結構必然性」的案例。由這個案例的爆發，它所顯示出來的是：我們的社會究竟應該選擇什麼樣的「社會塑造過程」？或者，就是這種利潤追逐的傖俗目標，才是我們的命運嗎？

骯髒的富裕！

國建會經濟組學人在拜會總統李登輝時，建議降低外匯存底，李總統「直率」的表示：「外匯多就像一個人有錢，有錢就會受到尊敬」。然而，就在李登輝自以爲受到「尊敬」時，保守的英國《經濟學人》卻以〈骯髒的富裕〉（Filthy Rich）爲題來評價臺灣——臺灣人口密度世界第一，機動車輛密度世界第一，但混亂的交通，骯髒的環境卻也幾乎是世界第一！

外匯過多經濟禍源

這裏有一個政治笑話，前次世界奧運在洛杉磯舉行，洛城空氣品質指標將近一百，各國運動員一致抗議，認爲這麼嚴重的污染必然影響競賽成績，這些運動員依臺灣標準而言，簡直太過「嬌貴」，因爲，即以新竹爲例，就是洛杉磯的兩倍。臺灣的人必是一個新的人種——具有高忍耐力及抗污力的人種！

將外匯視爲被「尊敬」的源頭，這樣的話由經濟學博士的李登輝道出，其實不僅是他本人的經濟學死角，也是國民黨長期以來的心理障礙，這樣的認知，使得國民黨把臺灣變成了今天的這個模樣：一個以堆積外匯的存底爲榮的國家，外匯不但不能成爲民生福祉的改善動力，反而成爲經濟禍源之一。

李登輝總統的經濟學乃是臺灣仍處於「小康時代」的經濟學，在那個時代，臺灣仍必須自小農經濟抽吸資本以發展工業，因此，研究農工業部門間資本流動的李登輝，他只關心小農經濟的社會安定作用與工業資本的累積等問題；直到省主席任內，他的「百萬農業大軍」也仍是這種思想的延長。「小康經濟」時代的外匯，乃是進口資本財的籌碼，因此，它必須撙節管制。這種想法切合了那個時代，問題是，時代會改變，目前的臺灣外匯累積已成了一個問題，它就需要另一種經濟觀念與作法來面對。對於經濟觀念的必須改變，李登輝總統最近已有了一些覺悟：

例如，他已表示，過去他堅決支持「三七五減租」與「耕者有其田」，現在他已了解到這種小農「小康經濟」的觀念不足恃，因而主張活化土地利用，解決土地過小的問題。

歷史傷口陰影重重

問題在於，儘管已了解到「小康經濟」時代的觀念與作法已不符時代需要，然而，一到外匯問題，國民黨那種根深蒂固的「外匯短缺恐懼症」遂告出現。國民黨在一九五〇及六〇年代有過慘痛的外匯短缺的經驗，這個「歷史的傷口」成了國民黨統治羣集體性格的一部分，它嚴厲的統制外匯，等到外匯存底已因消化不良而成爲報復的對象（臺幣升值），它才將承做外匯的權力下放給三家商業銀行，對商業銀行而言，這時承接外匯，只不過是分擔風險而已。

而後，外匯存底壓力續增，只得外匯解嚴，問題在於，種種外匯操作及對外投資都不可能無師自通，臺灣的銀行金融界與民間都尙待累積經驗，在通貨膨脹以及臺幣升值的這個時刻，外匯解嚴，它造成的不是外匯的減少，反而是因熱錢流入而增加，最近一年來，臺灣經濟與金融秩序紊亂，外匯不能不說是亂源之一。國家會因爲錢太多而問題頻生，臺灣也可算世界第一。

經濟一流品質三流

臺灣外匯存底的大量累積，肯定了臺灣生產力的貢獻，然而，從臺灣發展的經驗也可印證，如此龐大的累積，其實也包含了整體社會許許多多「社會成本」在內，由日常生活經驗即可知道，臺灣公共設施不足與生活暨環境品質的低劣，即是這些「社會成本」的反映。

統治者的觀念與作法，經常可以決定一個社會的形狀。今天的臺灣乃是少有的生活品質低劣地區，與臺灣的經濟發展全然不能相配，臺灣像極了貧民窟裏的暴發戶，地毯、冷氣和鑲金的傢俱俱全，他只有關進屋子裏才有品質，一走出戶外即無品質。

目前的臺灣，早已脫離「小康經濟」的時代，老的思想方式與作法已不再適用，尹仲容先生當年以「鼓勵投機」爲理由而拒設股市，在當時，他是對的一方，同樣的話現在來說，就成了笑話。同樣的，慳惜外匯，在當時也是正確的主張，當過度的外匯已成了問題，這時候，外匯過多不但不會受到「尊敬」，反而會被外國人認爲：「這個國家對她的人民爲何那麼刻薄！」

重新整合方有生機

對於臺灣的未來發展，我們一直主張，爲了政治的民主化以及民間經濟部門的茁長，經濟壟斷與政治支配的「國家資本主義體制」應當清清楚楚的列入時間表而予解組，只有政權不再壟斷龐大的企業帝國，統治者面對民主的挑戰，也才不會那麼「誓死」保衛；除此之外，解組「國家資本主義體制」（如國公黨營企業的開放民營和低一個層次的股票上市），尚有吸收民資，以免人民在通貨膨脹時代受害等多重「資本社會化」的寓意。

而更重要的是，經由這種過程，政府遂有了從事更前瞻性投資（如外購高科技）、以及進口「集體消費財」（如建設地下鐵等以徹底解決交通混亂，進口反污染科技以改善環境等）的籌碼。外匯乃是國民共同持有的資產，當它能被有效運用，能創造我們的未來時才有意義，外匯當它只被用來當作炫耀的工具，我們擔心它不但買不到「尊敬」，反而會買回來「災禍」。

蔣氏父子爲臺灣維繫了「小康經濟」的局面，那個時代業已結束，現階段的臺灣所需要的，毋寧是一個能擺脫舊觀念，爲人民創造新的福祉的總統。「骯髒的富裕」，對誇耀我們外匯如何多的李登輝總統，應該是個有力的針砭吧！

它不會是最後一顆泡沫

在一個一切都可能發生的時代，許許多多事情都成了傳奇。臺灣最大的地下投資公司——「鴻源」，在經過風光燦爛，躊躇滿志的七年後，終於在九〇年一月帝國崩塌。它本身就是一則傳奇，濃縮了臺灣「金錢狂飆」的八〇年代，這是「臺灣奇蹟」的歲月，但奇蹟卻成了泡沫，「鴻源」不過是一波波浮起的泡沫中較大的一顆！

「鴻源案」是個集合了「惡德商法」以及「官僚無能」，加上「人爲財奴」等惡劣品質於一爐的傳奇性案件。「鴻源」誕生於一九八二年底，崩潰於九〇年代的開始，因此它直可謂是八〇年代臺灣社會經濟的「活見證」——一種「泡沫奇蹟」的見證；而可以肯定的是，「鴻源」不會是最後一顆泡沫，仍然生生息息尚未饜足的股市會不會是另一顆泡沫？方興未艾的「哈達」之賭會不會又是其中之一？在一個「超級賭場社會」裏，泡沫已不是偶然，卻成了必然，而我們眞正擔心的是，所謂的「臺灣奇蹟」，它的本身會不會就是那一顆終極必成幻影的最大泡沫？

鴻源足證泡沫奇蹟

而我們的憂慮顯然並非無因——人們創造了貨幣，只有在它能透過交換，落實到我們生活的改善，我們「生活世界」的優裕從容，這時的貨幣才具有眞實的意義；然而，在臺灣的我們，經濟成長的汗水，所換來的卻都是「異化了的貨幣」（這是經濟學「價值理論」的一種觀念，意謂著貨幣脫離了實體且不受控制），這時候，我們就不禁要追問，這樣的奇蹟算是甚麼樣的奇蹟！

貨幣脫離實體而成爲貪婪的賭具，這卻正是八〇年代臺灣社會經濟的總結，也是「鴻源」和其他大大小小一百八十家地下投資如泡沫般生滅的緣起。於是，追本溯源，那個最後的問題就出現了：我們的經濟在那裏出了大問題？

眾所周知，在一個「內部經濟」與「外部經濟」接近平衡的經濟社會裏，對外貿易的出超，將會被生產資財的進口（這是擴大再生產的投資）、消費品的進口（改善國民生活水準），以及其他集體消費項目之進口（如地下鐵等公共及公用設施之投資）等所吸收。在一個內外經濟接近平衡態的經濟體制裏，生產設備會愈來愈不污染，人民的消費生活會愈來愈精緻多樣，其他型態的生活需求也會愈來愈舒適從容。在這樣的社會裏生活著，人們可以從具體的經驗裏體會到「進步」的意義。

賭場社會陷入狂飆

然而，臺灣卻完全不是這樣子的社會。八〇年代，臺灣內外經濟的失衡開始有如指數曲線般的累增——它淸楚的顯示在外匯存底的激增上，民間無力消化，而政府卻可堪怪異的也不能藉預算與稅負、公共建設等方式來創造內部需求加以吸收。於是，一種難堪的惡性循環遂告開始，「淹腳目」的臺灣錢滿街走，由於許多物品的開放進口，創造了供給，短期內，錢潮尚未形成通貨膨脹，但可怕的「資產膨脹」(stockflation)卻如洪水般的淹至。臺灣這種地方，始終有限供應的「資產」——房地及股票遂狂飆了起來。除了這種由於供需關係而形成的「資產膨脹」外，這種膨脹更被預期的通貨膨脹，隱藏在社會生活的通貨膨脹（許多是以服務費用的方式漲價）等恐懼所增強。這是集體的歇斯底里，有怕退役金變薄的老芋仔，有克勤克儉積蓄的小公務員，有詐騙家、有冒險家、有看著此情此景而被嚇得束手無策的大大小小公務員。這是個舉世罕見的「超級賭場社會」，以一九八九爲例，股市開戶數達四百一十六萬，而臺灣人口卻只有兩千萬，全年股市成交總額竟達二十五兆六千多億……。天啊，臺灣到底怎麼了？

「鴻源案」只有放在八○年代臺灣的這種經濟場景中才能被理解，它是恐懼、貪婪、無能的綜藝大螢幕。我們有了錢（八百億美元的外匯存底即將成爲世界第一），但我們卻只被別國看成是「臺灣凱子」，我們看到錢，但錢卻只是數目，卻沒有轉換成生活上的品質；我們有了錢，卻除了恐懼外，幾乎一無所有。根據「金錢遊戲」的鐵律，任何「金錢遊戲」一波波持續，必然往少數人手心集中。據此，「臺灣奇蹟」的終棋，不正是一場幻夢，一顆最大泡沫的迸裂，化爲無踪？

「鴻源案」，以及同一脈絡下所有的集體歇斯底里，乃是社會經濟的無政府現象，與這些事情可以牽上關係的，沒有任何人是快樂的。一個這樣的體制，美國開國元勳麥迪遜及漢米爾頓在《聯邦論》裏有過極爲貼切的描述——「無能力的虐政」：當一個體制發生系統性的配置不當，這樣的體制就注定甚麼事情也做不出來，縱使人人都看得到的危機亦然。「無能力的虐政」是一個社會恐懼如海，有如五濁惡世的熬煎。

「鴻源案」、房地產狂飆、股市狂飆，一直到目前每天進出一百五十億的「哈達」，都不是我們應當承受的「虐待」，臺灣會變成一個貨幣脫離實體，卻反過來吞噬創造貨幣的人們之社會，在戰後歷史上可謂從未之見。

陷入絕境已難自拔

這樣的社會景觀，顯然並不是某些人所謂的「轉型期的代價」，因爲我們看不出它會轉往何方，看到的只是泡沫一個個的起伏迸裂與再現，「無能力的虐政」乃是一種癌症體制，十六世紀的德國，十七世紀的荷蘭、瑞士都是例證，它已完全不能有作用，而只會在對一切危機的「無能力沉默」中繼續癱瘓、等待消失。

這乃是我們的一貫立場：臺灣的整個體制都是癌症體制，它已需要進行超級艱鉅的重建手術。「鴻源案」不會引起金融風暴，波及者十數萬人，也都只是小小的泡沫，然而，「鴻源案」顯然並不是「無能力的虐政」的結束，而只是其中的一段。八〇年代的「鴻源」泡沫已告迸裂，但臺灣的「資產膨脹」卻仍延伸到了九〇年代，讓我們等著下一個泡沫吧！

兩岸關係罰與禁

決策當局爲了冷卻大陸熱，多日以來不斷宣稱：將對大陸政策重新檢討。眞正使人困惑並啼笑皆非的是，我們從來就不曾有過大陸政策，何來檢討？因而所謂「檢討」也者，不過是「嚇阻」的同義辭，仍然不是「政策」！

臺灣沒有大陸政策

政策是一種觀點，基於此種觀點而產生之期望，爲達成此期望而採取之手段與策略。因此，政策乃是一種思想，沒有思想卽不會有政策，而不多不少，我們的大陸政策正是一種沒有思想的政策，因而它不是「政策」。

臺灣沒有大陸政策，這乃是衆所共知的事實。由於官方缺乏政策，人民遂只得根據各自的期望而擬訂每個人自己的政策，於是，前往大陸探親，從最早的可能成爲叛亂犯，而演變爲探親者日眾，判不勝判，終致成爲無罪；與大陸經商，也由被判爲「資敵」，而演變爲經商者日多，判不勝判，遂致經商無罪；影歌星前往大陸拍戲演唱，最初亦被罰「歌監」、「影監」，也因前往者日夥，罰不勝罰，最後變成大牌影歌星紛紛前往大陸的局面。兩岸關係是民間自行開拓出來的一條血路，我們的政府除了罰以外，絕未出過半點力氣！

不能否認，兩岸關係在國共互鬪及國際冷戰的傳統包袱及陰影之下，現在尚未到達「正常化」的階段；我們也不能一廂情願的全盤解除自己的武裝；因此，人民根據各自的利益與期望所擬訂的自己的大陸政策，有可能損及大家共同的利益。也正因兩岸有著如此的複雜性，我們遂格外需要一種認知清楚、目標清楚、手段清楚的大陸政策，但這樣的政策在那裏？——除了不斷故技重施的「罰」之外！

所呈景象光怪陸離

我們沒有大陸政策的眞正原因是統治者根本不知道如何看待對岸。中國大陸是終究不可能改變的政權，因此兩岸最後仍須戰場決勝？兩岸強弱貧富懸殊，最好永不來往？或者兩岸終將統一，必須臺灣入主中原？甚或雙方有可能發展出一定的和平互助架構，而從根本解決這個懸案？……上面這些基本的問題，我們的統治者從未作過縝密的思考，它自然不可能有目標，遑論手段與策略。於是，我們遂不斷看到各種光怪陸離的景象：

——我們的統治核心，包括李登輝的人馬、郝柏村的人馬，以至於李煥的人馬，穿梭前往大陸走訪，返國後也都拒將情況公開，這些人士的神神秘秘，簡直比最正統的「統派」還要「統派」，老百姓自然憂心忡忡。

——我們的統治核心，忽焉說「六年即要返回大陸」，忽焉要求對岸「撤退三百里以證明誠意」，忽焉又「外交出擊」，要取代對岸之國際地位，而「外交出擊」不順利，又忽焉指控「中共之孤立陰謀」，發言如同遊戲，立場更是變化莫測。統乎？獨乎？兩個中國乎？誰也說不清楚。

民間人士無所適從

——我們的政府似乎期望兩岸至少有和平的局面，但資助民運分子、資助「民主女神號」，又希望臺商至大陸經商「要每個人口袋裏放一把剪刀」，和平或是戰爭？敵乎或者友乎？也在在使人撲朔難解。

由於大陸政策的光怪陸離，矛盾百出，民間在無所適從之餘，自然也奇形怪狀不絕：我們有前往大陸幾近諂媚之中央民意代表，也有聲稱代表此人或彼人的招搖分子，前往大陸從事政治或經濟的訛詐。而民間人士在毫無規範的情況下前往大陸，自然亦有莠民摻雜其間，拐誘淫騙也層出不窮。

政府混沌且不負責任，人民之中許多人將大陸視爲新冒險家樂園的此種混亂情勢，沒有人能夠保證它不會在某些問題、某個時刻，引發出難以彌補的禍害與災難！

目前的兩岸關係與日俱增，貿易可望破三十億美元，前往大陸經商旅遊及探親者亦年逾三十萬人次，沒有政策的處罰手段，並不能遏止這種趨勢，唯有觀點、期望、手段均清楚的大陸政策，才能將漫無所止，而且存在著危險的兩岸關係，歸納成對雙方均可能有利的大方向。

我們一向主張臺灣應該有一種時間表式的大陸政策。在這個時間表裏，爲兩岸關係設定和平互利的架構，以善意爲前提，不搞陰謀、不藏剪刀、不好高騖遠，也不太高估中共的善意，同時也不放棄臺灣本身的安全與利益。只有這種清楚的時間表，兩岸才可能擺脫歷史的夢魘，和不斷浪費唾沫的宣傳戰，而走出一條具有新意義的道路。

禁罰絕非解決之道

西方外交決策圈流行一個口頭禪，當他們面對複雜的形勢，卽喜歡說「讓我們設定出一個解決問題的長程架構」，這句口頭禪卽是「政策性的思考」，他們根據思想及目標，而一步步搭建出一組符合期望的結構。結構完成之日，也就是問題被鎖定而告解決之日。

然而，這種思考素爲我們的統治者所欠缺：過去數十年，我們的外交及國防政策均唯美國馬首是瞻，這些大政方針，等於是美國代我們制定；我們徒然夸夸而言的經濟發展，它的政策面，其實也是OECD爲開發中國家所規劃的方案，我們採納施行而已。由於仰賴他人代決大政方針，我們的統治者在目前這種需要自己當家作主，爲自己命運設定架構之時，遂左支右絀，種種捉襟見肘的窘態一一畢現，大陸政策卽是明證。

罰與禁，永遠不是解決問題的方法，兩岸關係也不是名爲冷卻，實爲罰與禁的手段所能應付的。兩岸關係需要統治者制定出眞正具有說服力的政策，據聞，我們的總統府已決定設置大陸事務的最高政策組織，希望它不再只是討論禁與罰，而是眞正在設計政策與時間表！

兩岸冷戰就從經貿開始停戰

去年年底，柏林圍牆終被拆除，它象徵了一個基於恐懼、敵視、仇恨、厭棄的「冷戰時代」終告落幕，人們已必須開始從事「後冷戰時代」的思考。

冷戰時代完全終結

柏林圍牆的拆毀，固是「冷戰時代」的完全終結，但這只是最後的句點；其實，「冷戰時代」早在一九四八年邱吉爾推動「歐洲合一運動」，早在一九七〇年西德總理布朗德推動「東進政策」時，就已一點點的被消融。由今視昔，我們不禁對戰後像邱吉爾及布朗德等傑出政治領袖的智慧，格外的佩服；他們所從事的，乃是「偉大的設計」(Grand Design)，藉著寬恕、協助、和解等高尚的品質，融解了一個罪惡的時代。一九四八年五月，邱吉爾在海牙「歐洲會議」上的演講，乃是近代最動人的講辭之一，他諄諄誡告世人，要以高尚的品質，走出戰後廢墟的陰影，互尊互重，互恤互諒，重建未來。歐洲人在這些領袖的先行之下，終於走到了足堪矜誇的現在。

而此刻，邱吉爾早就墓木已拱，但七十六歲的布朗德卻仍健在人間。這位當年力倡「東進」，主張西德與東德和解，甚至西方與東方和解的政治領袖，他用和解逐漸融解了鐵幕，和解成了向東方的溫柔呼喚，他本人爲此獲得了諾貝爾和平獎，而呼喚常存，結果卻是西方改變了東方。現在柏林圍牆已毀，高齡的布朗德卻仍然沒有放棄他的志業；月餘來，他仍僕僕風塵東德，希望培育出東德社會民主黨的成熟力量，協助東德人民改變自己的命運。布朗德是個以思想及行動改變世界的和平民主先行者，世界也果而因爲他的獻身而被改變。

兩岸通商此其時也

緬懷邱吉爾及布朗德等先賢人物，在這個「後冷戰時代」已告來臨的時刻，顯然的，我們以往那種延續著「冷戰」心態而來的世界觀也到了必須自我摧毀的時候，這意謂著，我們已需要有一種新的「創造性思考」——一種能結合歷史與現實，能結合主觀與客觀的新底思考模式；再簡而言之，也就是我們已需要重新界定未來的兩岸關係。「後冷戰時代」已不是你死我活的鬪場，更非不負責任的逃避，而是需要更多的智慧，更多自我的期許，更多和解協力的歷史形式。戰後的「歐洲會議」，法國極力主張應邀請戰敗的宿仇西德參加，殘破的西德才沒有成爲內心充滿仇恨的歐洲孤兒；戰後的西德一向協助東德，而不是視若寇讎，終於孵育出今天這麼美好的結局。美國著名作家喬治威爾說過：「古老的歐洲，看起來似乎是各種新奇事務，以及大量古代美德，諸如愼思熟慮、睿智、忍耐和寬宏大量等令人驚訝的儲藏所！」今天的西歐，似乎就是古代那種通達世事，心存仁厚的智者之具體化，而未來的兩岸關係，不多不少，所需要的也就是這樣的品質！

資本輸出利潤回流

基於這樣的認知，我們認爲，財經單位最近研商「兩岸人民關係暫行條例」時，已在考慮再度放寬兩岸的經貿關係，可能包括諸如直接投資、商務直航，以及國營事業亦可用專案核准的方式從事兩岸經濟活動等，這些乃是一種具有前瞻性的思考方式，化被動爲主動，更積極的走向大陸，或許才是開創另一種更好可能性的方式。臺灣商務活動更積極的介入，利己利人、精積力久，或許新的歷史面貌卽會從此而浮顯出來。

於此同時，臺灣的許多大型企業，也開始從事類似的思考，他們與日本企業相同，堅持住「要把事業的根留在臺灣」，同時則「資本輸出，利潤回流」，向大陸作各種具有開創性的試驗性投資。這種思考的要點有：㈠他們堅持了本體的認同；㈡他們具有利己利人的雙重考慮。往後的臺灣民間企業領袖，在認知塑造上將會扮演愈來愈重要的角色，他們將以身體力行的實際行爲，塑造新的價值與認同標準。基於此，我們認爲，這些企業的智慧與周到，也必將促使兩岸關係走向一種新的階段。臺灣的企業家們，以往均在國家的卵翼下成長，被動的接受既有的秩序，從未從事過具有歷史意義的創造性工作，但這樣的時代已成爲過去，企業家對臺灣的經濟以及人們的意識，都將愈益成爲火車頭之一，我們希望這些企業能爲我們的社會，創造出更深刻細膩的思考方式！

開創思考謀求利益

近年來，人類的整個歷史又再面臨一次脫胎換骨的考驗。卽以最近的東歐及蘇聯變局而論，愈是文明深刻者，愈具有和平解決各種挑戰的能力，反之則災難頻仍。以東西德之敵對關係而論，過去的二、三十年間，他們之間的互動形式，幾乎每一步驟均爲歷史上從未之見的特例——「東進」、「和解」；西德人民前往東德探親，由於使用東德道路，西德政府即給予東德交通補貼；近月以來，雙方關係又再發展出諸如「契約社會」、「德國統一必須以鄰居國家的信賴爲要件」，……等聞所未聞之觀念。

由這樣的過程，其實正印證了一種核心觀念——東西德人民確實具有高度「創造性思考」的能力，他們總是能夠追求到共同的最佳利益，而不是在相互的敵對中進行自我的消耗。東西德經驗不能模仿，但「創造性的思考」卻可以體會，只有這樣的思考，才會使形式與內容得到最佳的組合。

現在的歐洲，業已「冷戰」結束，但對我們而言，「冷戰」仍然是殘存的夢魘，「冷戰」的思考遂自然的經常成爲習慣性的反應。「冷戰」的心靈構造，扭曲了對歷史及世界的認知，也成了人們不快樂的泉源。因此，在這個世界範圍內的「冷戰時代」已告結束時，讓我們重新界定「後冷戰時代」的兩岸關係——應從經貿關係開始吧！

期待臺灣「麥京隆」

耗資一二〇億，卻因社區居民環保運動而停擺逾三年的五輕建廠案，業已成爲臺灣重振經濟生機的象徵。繼兩任閣揆、三任經長均束手無策之後，新任行政院長郝柏村終於夜宿後勁，打開僵局。五輕案是臺灣政治與經濟之痛，現在痛定思痛，我們的政府要怎麼樣來反省這段苦痛？

反抗污染起源美國

因爲，五輕案的停擺，其咎不在人民，而在於我們的官方。正因爲官方的顢頇、無能，以及不能從外國汲取他人成功面對環保運動的經驗，五輕案才會演變成今天的模樣。

反抗化學工廠的污染，起源於一九六七年的美國反「杜氏化學公司」案。全球最大石化及化學製藥公司之一的「杜氏化學」（Dow Chemical）由於生產諸如二・四—D、二・四・五—T，以及戴奧辛等而爲知識分子及各工廠所在地的居民所厭恨，因而成爲大家共同反抗的對象。從六七以迄七〇年代初，包圍工廠、校園示威、國會請願，以及要求賠償等事件層出不絕。「杜氏化學」這個超大型化學集團與所有既得利益者一樣，當它們面對挑戰的第一個反應都不是自省，而只是猜疑別人的陰謀；當美國環保署畏於民意的壓力而欲對該公司的污染進行監測，它也悍然拒絕，甚至還抗拒交出化學品的毒性測驗及生產管制的資料。

不過，誠如該公司總裁麥京隆（K.P. Mckennon）事後坦白的自省：「我們要很長一段時間才明瞭政府、國會，以及環保人士的確有質疑我們的權利。」這家創立至今已九十三年的公司，當它徹底有了這個覺悟後，快速的補救卽告開始。這家公司的補救措施乃是一切化學環保問題的解決範本。它的模型是：

在自己公司部分：從事經營策略的調整，包括高污染生產的停止，轉向其他新產品；某些工廠遷址，加強生產防污設施；主動介入社會公益事務，以改變形象。

杜氏化學環保範本

在與社區居民部分：瞭解到社區居民主觀或客觀的受害均必須以回饋方式補償，因而遂有計畫的推展下列措施，包括給予社區子弟獎學金；爲當地居民闢建泳池、體育館、會議廳等公共設施；工廠高幹與社區代表合組監督委員會，讓社區居民對工廠能夠增加瞭解與參與認同；承諾公司員工一定比例僱用當地居民及其子弟；參與當地領袖人才的培訓與支持，使他們有更多出人頭地的機會。這些卽所謂的「好鄰居計畫」，工廠竭盡所能向社區證明它是個有錢但善良並有能力的「好鄰居」！

在已造成災害的部分：則儘速補償。

「杜氏化學」在六〇以至七〇年代交接的期間惡名昭彰，但因這些措施的推出，不幾年卽形象大變，甚且成爲它們「公司文化」的重要部分。「杜氏化學」替全球的化學公司在面對環保挑戰時，建立了一個最佳的範本。其實若用心細究，這個範本有許多乃是脫胎於更早的垃圾掩埋制度。美國許多州市政府在選擇掩埋場時，了解到鄰近居民的受害及受害可能性，基於「利」「害」相權的考慮，許多地方均承諾免費贈與清潔的地下自來水（垃圾掩埋可能造成水污染），掩埋場用滿後關閉，承諾改闢爲公園或停車場，免費贈予當地社區；垃圾掩埋後均會發酵爲沼氣，承諾接管贈與居民免費使用等。

彌補傷害利益交換

如果我們不空談高調，而能就事論事的考慮問題，卽會發現到，人類的文明充滿著許多無可奈何的不公平，總是會有一些人爲了他人的集體利益而作痛苦的付出，汚染卽其中的一種。對於這種不公平，「利益交換式的彌補」乃是唯一且已爲外國廣泛採用的範本。如果中油公司及我們的政府確有反省的能力，五輕案發生在八〇年代末期，而「利益交換式的彌補」早在七〇年代卽已成爲範本，我們就是抄襲，五輕問題也早已解決，何至於拖宕逾於三載！

而這卻正是中油以及我們政府的眞正問題。我們的國公營企業對於所在的社區，一向自視爲君父，從不理會社區對國公營企業的反應，中油高雄煉油總廠向以後勁爲壑，將未曾有效防汚的廢氣排向社區，將含油廢水灌入當地的地下。此種專斷跋扈之風，不僅中油而已，臺糖、臺電、臺鐵……幾乎無一不是如此。基於此，五輕案固然應視之爲環保事件，但卻不能疏忽國公營「公司文化」專斷跋扈造成的反彈的深層意義，如果這種囂張的「公司文化」不能蛻變爲眞正的「好鄰居文化」，則不僅另外的環保事件會發生，其他事件也都有可能出現。

合作監督眞正參與

由於中油等國公營企業的君父型「公司文化」，它們當然不理會社區的居民，當然不會主動改善防汚設備，當社區居民到達不願再忍受的時候，國公營企業的上司自然也就對這種自力救濟作官官相護式的解釋而意圖壓制。反五輕運動三年多的發展，我們的官方有一大半時間都是做著各種直接和間接的壓制嘗試，從後勁居民以宋江陣大戰鎭暴警察，到政府收買地方黑道人物，以期控制反五輕運動，都是活生生的例證。而不願眞正公平來對待問題的，最後都必然失敗，五輕案的直接壓制和滲透控制的失效，對我們政府而言，應當是權謀式作法，已不能解決問題，坦率且透明的來處理問題才是唯一的正途。

正因各種直接間接的壓制已失去效力，我們的政府才推出「敦親睦鄰」的計畫，這個計畫已大體接近西方七〇年代解決類似問題的範本，已有了「利益交換式的彌補」的精神，然而它卻缺少了更積極的部分，那就是讓公司高幹與社區代表合組監督委員會的機構。因爲，彌補只是高高在上者的讓步，合作監督才更有參與、民主與共建集體社區共識的用意！

不被政治收編的企業家

近年來，美國參眾議員涉及金錢醜聞者已有多起，而外國公司廣泛從事遊說公關活動，亦使美國對外國利益介入本國政治有所警惕，因而參眾兩院之「倫理委員會」對同仁之金錢活動趨向嚴格，而政治獻金制度也開始緊縮。

臺灣政商關係緊密

而近百年來，即以「金權政治」聞名世界的日本，由於「瑞克魯特案」醜聞的爆發，使得日本國民對於殘害政治品質至鉅的惡質傳統開始厭棄，幾乎造成金權政黨「自民黨」的失去政權。日本自封建藩閥時代開始即政商一體，財閥支持藩閥，藩閥蛻變爲政黨後，財閥又倒向政黨。戰前「三井財閥」支持「政友會」，「三菱財閥」支持「民政黨」，豈止禍亂日本本土，而且亦擴延到了當時處於殖民地的臺灣，兩大財閥因而幾乎壟斷臺灣農林資源。此種政商勾結的傳統，延續到了戰後，儘管難以根絕，但「瑞克魯特案」的巨大醜聞至少已能稍戢以往不正之風習。

然而就在金權政治漸趨退隱之際，臺灣的政商關係卻趨向緊密，非僅國會廟堂之上充斥著「號子立委」、「銀行立委」，以及爲特定企業代言護航之民意代表；這種新的政商一體的關係更隨著國民黨內派系的爭鬪，以及當政者爲了壯大聲勢而進行企業家收編而愈往上行。

於是，自古以來即「士農工商」居於四民之末，而受到不當歧視的商人，在這個政治活動繁多，各種活動家都急需大量金錢挹注的時刻，遂一變而爲四民之首。政治派系活動找商人，以一人一姓爲擁護對象的各種基金會也找商人，達官顯要創設組織找商人，甚至各種具有半官方性質的機構成員也找商人。工商企業家廣泛的被收編，成爲某人某派的後援。而對工商企業家而言，由此一來即可與當朝權貴政要並列廟堂，光宗耀祖。一個臺灣式的政商共同體已告出現。

兩者之間設定距離

它使人擔心的是，繼續演變的結果，或者就是日本金權政治的翻版，甚至於還會是上個世紀與這個世紀連接時美國「坦慕尼協會」（Tammany Hall）的再現——它是美國黑暗政治最敗德的一章，美國南北戰爭結束後出現大批工商新貴，它們和紐約民主黨總部勾結，鬻官售爵，收買賄賂，幾至無所不用其極的地步，政府官員、民意代表、黨機器老闆三位一體，開美國建國以來最大之驚奇，而後老羅斯福總統及拉瓜地亞市長大力清肅，惡德政風始趨平澄。

企業家與政客，一有金權、一有政治權力，滾動的人間慾念，均必然使兩者拉近且逐漸合一，使兩者彼此腐蝕，以至不可收拾。也正因此，政治的發展過程中，有很大的一部分即是在為兩者之間設定一個安全的距離，俾使政經各有所司，也能滿足企業家參與公共事務的熱情，共促社會之進步。

稅法誘導轉化資源

而這個安全距離，全球早已出現一些公例。例如，企業家作爲一個公民，當然可以獻金支持某位政治人物或某個政黨，但其數額卻有嚴格的限制，俾免政金結合過份密切，壞了兩者的規矩，政治不能淪爲金權的附庸，一如企業家不容成爲政客的金庫。而在所有的公例中，最堪稱許的，乃是藉著稅法的鼓勵及誘導，將企業家的金錢資源轉換爲更基本的社會資源。

以美國爲例，昔日之船運、鐵路、金融、鋼鐵等鉅子如范德比特、如卡內基家族、如美隆家族、如福特家族，他們富可敵國，甚至於許多還是取之無道的財富，但都在稅法的誘導下，成爲左右美國文明進展的各種基金會與學術重鎮來源。范德比特家族靠一條哈德遜河渡輪而發跡，做絕壞事，而今家族早已凋謝，而其興辦之范德比特大學卻爲這個家族掙得百代不忘之感謝；卡內基——美隆大學、卡內基基金會、福特基金會、洛克斐勒基金會、普立茲基金會……等，它們都是學術、文化、藝術、科學等文明最關鍵的創造力泉源，比被當政者收編有著更大的榮耀與貢獻。

超越狹窄現實政治

如果不在這些方面回饋社會，工商企業家其實還有更多的先賢可以見賢思齊——美國立國初期的「波士頓商人協會」，他們爲地方作規劃，整合社區、救助孤寡、開辦事業、訂定規範，爲人們的自律自治立下整個美國民間自主的典範；再例如英國羅士渣公爵家族，這個維多利亞女王時代起家的銀行世家，資助英國在滑鐵盧一役大敗拿破崙，又開鑿蘇伊士運河。他們簡直已是超國家的執行力量。

由上述例證，已可看出，西方的成功社會，有極大的部分得力於那些傑出的企業家，他們脫離於政治之外，超越了狹窄的現實政治，而將目光看著全體社會，甚至整個人類的方向。有限的財富得以創造出無限的新生人間資源。這些不被政治收編的企業業，才是眞正的企業家啊！

也正因此，對於近期以來當朝權貴致力於對企業家的收編，我們認爲這乃是對企業家角色的矮化，也是社會價值的扭曲與誤導。當政者不能如此對待企業家，而企業家們也不能目光如豆的因爲被收編而虛驕。在百廢待舉，在民間社會需要重新來建造的時刻，企業家獨立自主的獻身空間無比空曠，大家應有這種新的獻身抱負。

因此，當朝者與其致力於企業家的收編，而其後果可能是助長金權政治，何不營造出讓企業家們能夠更有貢獻的環境？

告別東方式法治

司法量刑，貴在求證；由於自白純屬被告之敍述，易於套取或刑求而得，證據力最爲薄弱，因此自白在證據的經驗法則裏，勉強只可作爲參考之佐證，不得作爲主要甚或唯一之證據。自白除了證據力薄弱之外，由於它易於套取或刑求而得，因此它涉及所謂的「適法程序」問題，司法之所以講究「適法程序」，貴在僅有透過「適法程序」，才能消弭執法者與被告之間不相干的權力汚案與扭曲，使被告以一個「人」的身分出現於司法關係之中，而不是司法關係中的「物」。

自白取得手段不當

除了司法裁量的上述兩個經驗性的正義原則之外，司法權力之行使，第一原則乃是預設被告之無辜，於衡量各相關因素與證據時，以有利於被告爲優先之考量。司法並非懲罰，而在維繫使人能夠心平之正義。

然而，東方式之專制社會論法卻非如此。東方專制社會由家長制的宗法社會爲核心，居於上位者如天如神、如父如母，它是臣民身家性命的賜予者，臣民所具者乃是「物」的身分，居上位者有權撤回賜予，也正因此，東方專制的傳統論刑每多殘酷，此殆爲一切專制社會之特性，孟德斯鳩在《法意》一書中論及中國法律時稱之爲「兼榮寵及恐怖而用之」，中國司法多「恐怖」，這實在是最好的歷史證言。

基於上述這些原則而回顧已成爲臺灣政治及社會發展史上陳跡的「高雄事件」法律過程，我們的惶悚之感並未隨著時間的淡去而消失，我們重談舊事，旨在提醒：我們有著一個應該忘記但卻應該在忘記中仍然繼續記住的難堪過去！

首先就「高雄事件」案件中最關鍵，且被援爲量刑唯一證據的自白爲例，經由反覆的查考，我們發現昔日諸被告自白之取得，其手段均屬不當，難符「適法程序」之定義：疲勞復訊者有之，巧言詭詐者有之，運用特定人士冒充他案被告混合居住以言辭套取者有之，利用被告好辯多言之失以設定語言陷阱者有之，……諸般手段，集權謀巧術於一爐，用心良深。外國反對派有所謂「監獄鬥爭學」之說，略謂監獄與拘所乃是一個需要高度鬥爭技巧之場所，刑求逼供考驗的是不屈不折的體力，設局詐取自白考驗的是洞察微毫的智力，疲勞偵訊考驗的是不移不撓的毅力，由「高雄事件」諸被告自白之取得，「監獄鬪爭學」之說信不誣也。由這些被告自白之輕易即被取得，其實已清楚的證明了他們乃是素樸而無智詐的單純反對派。

東方法治日暮途窮

除了自白取得的難謂適法，其證據力堪疑之外，由「高雄事件」稍後軍司法之公開審訊及法官裁量，我們繼續發現東方式法律觀的顯現：

——法庭之上，法官與檢察官之審訊，名爲執法，實同君父，頤指氣使，形同呵斥。小小的法庭，具體化了東方的法治特性。

——法庭之上，法官明知自白的不得爲唯一之證據；經被告等公開聲明有疲勞偵詢之情事，卻只以公函要求調查局證實並無刑求即搪塞了事，審檢一家，相互袒護的本質已現。

——由法庭之上，法官之訊問，已可看出，整個審訊均是在先有定見之後所作的「程序演出」。因此，大審也者，一次預知判決之演出而已——而臨場的演出又並非十分良好！

「高雄事件」即將滿十年，由今視昔，再佐以昔日之審判過程，我們的認知，其實與絕大多數國民並無二致——本案的判決乃是一次純然的政治案件，它是臺灣發展過程中應予記取而後刻在每個人心版上即應遺忘的案件，除了遺忘這個案件本身之外，我們更應遺忘的，乃是浸透在整個案件中的東方式法治氣質與心態，只有當我們超脫出這種東方式的法治氣質與心態，我們眞正更有公義性質的法治才可能落實，然而，遺忘以前的那種東方式法治傳統，比起「高雄事件」更爲艱難，而這是司法官官相護，或將司法作爲政爭工具，以及動輒主張「治亂世用重典」的人所不能理解的。最近的民意調查發現，國民對政府的施政，大體的施政成績尚能獲得同意，獨獨司法一項，人人痛心疾首，這一方面顯示司法改造的急迫性，另方面也顯示出東方法治的日暮途窮：一個曾經作出過「高雄事件」軍司法判決的體制，除非從事痛定思痛的大改造，否則是不可能使人寄予厚望的！

社會丕變刑案增加

近年年，臺灣的政治社會體質丕變，權威解體，任何有氣勢的執政者，必然大力的主動改革，以求在最短時間內重建新的民主權威，用以收束秩序。然而三年於茲，我們卻看不見這樣的過程，而臺灣遂成爲一個人人企求僥倖的社會——刑事案件的增加是它的終極結果。

然而，我們的司法制度非但不能參與新秩序的建造，反倒是混亂製造的原因之一：吳蘇案官官相護，蕭天讚案則政爭因素與司法自壞均有關，調查局幹員拘提嫌犯到酒家吃花酒竟然還不算瀆職，這均屬東方式法治的遺緒，這樣的司法誰會相信？許信良案早已可了，而卻以「叛亂未遂犯」起訴，政治與司法仍然糾纏卻不去解開。東方式的法治仍然是東方式的法治！

而對刑事案件增加，不去追究社會成因，卻提出「治亂世，用重典」的口號，又大增警察員額。曾任美國西維琴尼亞洲首席法官的李尼（Richard Neely）曾經著有〈犯罪政治學〉長文，他即指出警察從來就有粗暴與英雄的一面，警察受尊重且精兵專業主義，則他們就會自動走向「警察英雄」之路，當警察大增且被塑造成「掃黑英雄」，則他們的效率便會減退，粗暴性反而突出。治亂世則增加警察人力，加重犯罪者刑度，甚至政治性案件亦重刑化，其結果必然是犯罪的更加無法遏止，刑只要法律明定即可，重要的是去加以阻遏。「治亂世，用重典」仍然是東方式法治觀以罰爲主舊習的延長。

而現在，我們甚麼時候才能告別東方式的法治呢？

射歪了的矛頭！

民進黨縣市長決定「週休二日制」這是場荒謬劇。

週休二日頗具可議

如果說這是一種「公共政策」，那麼它的決策品質和許多國民黨的公共決策一樣的低劣；如果說這是一種爲了凸顯地方自主意識的抗爭手段，那麼它就是搞錯了目標的抗爭行爲。「民主」的口號並不能掩護一切的行爲，「地方自治」也同樣的不能等於「反抗中央政府的一切規定」。自由民主不是這樣長大的！

近年來，臺灣的民主當道，抗爭也成爲時尚，然而，民主抗爭終究只是一種過渡的手段而非終極，如何在民主抗爭中展現出較諸國民黨更爲優秀的民主品質與決策能力，或許才是民主虔信者應自我期許，兼及改造社會的目標。歷史的進步不會在對立面產生，只會在超越對立面的那個更高的地方出現。

依據這樣的準則，來評鑑所謂的「週休二日制」，可議者有二：

㈠作爲一種「公共政策」，近年來臺灣各級政府公共決策品質之低落，已達到令人痛心疾首的地步。公共決策不以縝密之研究爲基礎，公共決策找不到基本的立場，於是，各種草率、游移，甚或自我矛盾的決策相繼出籠，徒然彰顯執政者的無能力和無是非。而「週休二日制」的決策同樣是一種「即興式的表演」，它缺乏最起碼的實證研究與評估。諸如「先進國家已普遍採行」，「週休二日制是時代潮流」等，不過都是「譬喻式的理由」，這種「理由」不能作爲公共政策的依據。

橘逾淮成枳，臺灣依賴式的抄襲外國而變調走音的例證已多。對「週休二日制」，我們不能贊成，但也不能反對，因爲正反雙方的「理由」都是隨便說說的理由，對於公共事務，應鼓勵的是「沒有研究即沒有發言權」，而「週休二日制」卻是一個沒有研究即發言，甚至更實行的決策！

勢必出現一縣兩制

(二)近年來「抗爭」當道，在當前這種「選舉掛帥」、「公職第一」的時刻，贏得選舉幾乎卽被視爲「民意」的化身，而可依據自己的意志而率性決策，於是，一種詭辯的困局遂告出現。

民進黨認爲省政府沒有民意基礎，因而縣市最大；基於同樣的邏輯，鄉鎮縣轄市長似乎更有地方自主的發言資格。在「週休二日制」的爭論中，儘管民進黨的縣市長決定實施，而鄉鎮縣轄市長則有權拒絕遵行，「一國兩制」的情況卽將出現。「民意」及「地方自主」被如此漫無邊際的解釋，它所造成的結果，已非「地方自主」，毋寧更是「國中有國」了！「民主」及「地方自主」，它反抗的乃是不合理的「支配」，而不能以整體社會的統合規範作爲祭獻。「週休二日制」，乃是一個有違統合原則的抗爭題材——它是個射歪了的矛頭！

何謂「民主」？何謂「地方自主」？它的精確意含是：在整體「統合」的基礎下，對「差別」予以尊重。當「統合」的規範消失，那麼它所造成的勢必是「一盤散沙」，「各行其是」。民進黨縣市長對上班時間可以提出主張（最好是經過研究的主張），可以施加壓力或進行遊說，以求全臺灣同步施行，但卻無權以「地方自主」之名而逕行實施，因爲，這並非他們的權力！

在「週休二日制」的整個爭執之中，我們認爲高雄縣長余陳月瑛所表示的態度，最足以反映他們對此事的心態。余陳縣長宣稱不做執政的國民黨的「跟屁蟲」，又強調所行乃是「民之所好好之，民之所惡惡之」，她同時又再抨擊國民黨的違背地方自治精神，以及「八卦寮永遠不妥協精神」云云。

地方割據已非自治

將這些片段連綴，其邏輯已清楚的顯示了出來——由於國民黨長期違背地方自治精神，因此民進黨的縣市長遂可根據民意而抵抗，不做國民黨的「跟屁蟲」，「就是犧牲生命也在所不惜」。這樣的態度其實早已偏離「地方自治」的道路，反倒是更像「地方割據」！

我們一向反對國民黨數十年來漠視地方自治的精神，以中央兼併地方的作風。也正因如此，民進黨縣市長從事地方權限之爭取，對未來的中央地方新權限之界定應有所助益。然而，地方自主並非地方自行專擅，更不能以整體統合之基礎作爲犧牲（例如全國統一的工作時間，統一的度量衡制度，統一的交通規劃……等）。

民主和地方自治均以「自主性」爲其張本，然而，「自主性」其實是一種不存在的東西，它只有蛻變爲「相互性」時，人類的民主進步才有可能。將「地方自治」無限膨脹，基本上所投射的乃是另一種樣態的「非民主心態」！

近年來，世界上有兩種極端的對比現象出現，一個極端是南斯拉夫，它的各個地方根據「自主性」而自行其是，富裕的地方認爲和窮困的地方相混乃是吃虧，因而一國之內各行其是，直同分崩離析；而另一極端則是歐洲，各個國家不論貧富，反而各願捨棄一部分權利來謀求共利，因而大歐洲即將合一。

民主並非權力膨脹

這兩個極端，其實已具體說明了民主的眞切價値——民主是一種人格品質，它是一個不斷進步、累積與超越的過程。只知求異的人是不可能有民主心懷的，在同中求異和異中求同的過程中奮鬪，不把自己的權力無限膨脹，不將整個社會的統合基礎作爲犧牲品，或許才是相信民主價值的人應有的行事規範。南斯拉夫乃是一個不知民主爲何物，但知割地自雄的社會，它的苦果是整體社會的紛擾日增，它可以爲那些「爲抗爭而抗爭」者誡。

臺灣的中央與地方之權限仍有待重新劃定，可抗爭的議題仍多，而民進黨的縣市長除了抗爭之外，還肩負了爲地方自治樹立榜樣的職責，因此「週休二日制」可以去休，換些更有積極意義的題目吧！

二、群眾運動

抵抗不是權利，而是義務！

在學生罷課示威，夜宿臺北車站，以及教授聲援，各方共憤之下，四名涉嫌「獨立臺灣會」叛亂案的青年終獲交保，一向被視爲「惡法亦法」的「懲治叛亂條例」，終於退進了歷史之中。

種種假設細細思量

「獨立臺灣會」涉嫌叛亂案的善了使人欣慰，但它留給人們的卻是一連串需要細細思量的教訓，這些教訓，可以從「如果……」開始。

如果，這次四名青年被捕，學生、教授或媒體沒有表示憤怒；或者只有憤怒，而卻沒有走上街頭。那麼，這四名青年將會是怎樣的下場？

如果，這次被捕的四人之中，沒有在學的研究生，那麼，它是否會造成校園的騷動？早有「惡法」之稱的「懲治叛亂條例」是否會因而結束？

如果，被捕的四人根本不是「菁英預備隊」的著名大學學生，而是工人或原住民，那麼，他們是否會獲得學生與教授的關懷？在缺乏具有行動性的關懷之下，他們又會是什麼樣的下場？當工人或原住民有了這樣的下場之後，再下次學生被捕，人們豈能毫無虛怯的憤怒抗議？

如果，讓我們大家來打賭，這次學運只有寥寥師生數十人，這個案件又會怎麼樣的了結？肯定不會是樂觀的答案。

抵抗已成權利義務

所有的這些「如果……」，對我們每個人的道德良知與實踐勇氣，以及人格的一致性，其實都可能是個嚴厲的挑戰。也正因人們很少從事這種「如果……」式的追問，遂養成了我們事不關己，即冷漠處之的人生態度，而冷漠即寬縱，也是政治及社會改造遲緩，到了今天才把惡法「懲治叛亂條例」廢止的關鍵。

而現在，由「獨臺會」涉嫌叛亂案的這些「如果……」，它已淸淸楚楚的告訴我們，從這個案件開始，我們已進入「抵抗不只是權利，更是義務」的眞正新時代，只有人們將抵抗視爲義務，在這個需要改革，而改革卻遲緩到令人難以忍受的時代，我們才能靠著「抵抗是義務」的律令，來眞正推動改造的大業。而對統治階層，相信他們也由這個案件學習到了極其慘痛的教訓，在這個枷鎖已無用的時代，它不能再企圖妄用枷鎖；它已不能再拖宕必須的改革工作；挖東牆、補西牆；有洞才補洞，臨渴始掘井的方式已不能滿足人民的要求，它顯然已必須對民主有更大的圖謀與規劃。

因此，從「獨臺會」涉嫌叛亂案的學生運動開始，臺灣已進入「抵抗是義務」的時代，爲了迎接「抵抗是義務」，容我們就「抵抗」的觀念加以闡述。

在簡單的民主理念中，人們均認爲它是多元意見的表達及參與，因而對任何法律或制度之不滿，可透過著作、演講、請願、選舉、訴訟等來表達。然而，眾所周知，管道之存在絕不代表正義公理之實現。管道經常只不過是統治的障眼工具或篩選意見而刻意製作的篩具。強者之意見可以通過管道，而不符統治者期望的主張卻永遠注定被篩除。於是有了「抵抗」。它不僅是憲法學上的「抵抗權」或「公民不服從權」，而是政治社會學上廣義的「抵抗」。抵抗者不循管道，反正管道也無用；集會不申請，反正申請也不准；抵抗者不向報社投書，因爲投書反正也不會登出，「抵抗」是一種深刻的覺悟，以軌道之外的手段，來達到震撼體制之目的。

非法抵抗打敗惡法

對於習慣於體制性思考者，「抵抗」是一種過激手段，然而弔詭的卻是，「新的眞理經常被準備在抵抗的儲藏室裏」。「抵抗」並非在任何社會均有效果，當一個體制已具有悠久民主傳統，體制反應銳敏且調整快速，「抵抗」卽自然失去了生存的空間；但對正在進行「民主轉換」的社會，統治者及官僚體系並未合理化，誠意與能力兩皆不足，走前一步就想退回兩步，走前兩步就不甘心必欲退後一步。「懲治叛亂條例」這個惡法縱橫臺灣數十年，要求廢止更張的著作何止幾百萬字，但能奈他何？它老神在在踞坐我們的頭頂，像「大阿哥」般監視著我們的一切。

但「抵抗」卻有了效果，學生教授集會非法、罷課非法、夜宿火車站非法，非法的「抵抗」打敗了惡法，「抵抗」是震撼教育，震撼出統治者由於恐懼而萌生的最後良心。這個案件證明了，對於違憲、違法、違犯公理正義的一切法律規章或公共性的措置，「抵抗」乃是唯一能促使它改變的手段。「抵抗」相當於刑法上的「正當防衛」！

對於「抵抗」，聖者馬丁路德金恩博士有過最哲學化的闡釋：哪一個人不想安安靜靜的生活？哪一個人不想終生不和街頭見面？但制度的不公、法律的不平，卻驅迫著人們走上街頭，因此，街頭乃是暴虐的見證，抵抗者卽是見證人，它要使統治者因爲驅趕他人走上街頭而感到羞愧！

因此，「抵抗」的義務化，並且是更普遍性，不看身分等級的義務化，它不只是可用可不用的權利，應當是這個時刻一切對未來有憧憬、對公平正義的渴望尚未死滅的人應有的深層覺悟，當有了這種覺悟，當法官的人卽能够集體拒絕那些用來判刑會使他們羞愧的法律；當治安人員的人卽可以大膽抗拒不義之命令；當人們免於羞愧不安，那時候或許就是我們收起「抵抗」這個沉重的義務，而過我們眞正衷心嚮往的安安靜靜的日子的時候了！

然而「抵抗」畢竟是一種無可奈何的選擇，因此最好是不必「抵抗」——當政治民主，反應敏銳，體制與機能調整快速，對公平正義能持續保存，人們爲什麼還要承擔沉重的這個道德命令？但因這樣的社會難以期待，我們還是不能忘記——「抵抗不是權利，而是義務！」

論「獨立臺灣會」涉嫌叛亂案

經過黯淡死寂的五〇年代「白色恐怖」，到了今天「動員戡亂時期」的終止，人們都期望著那個曾經令人悚然心驚的「叛亂」罪名任意亂拋的時代也從此退隱到歷史的墳塋之中。因此，當調查局宣布偵破臺獨叛亂組織「獨立臺灣會」在臺地下組織，並緝捕四名成員，包括一名在學的研究生後，我們始則錯愕，繼之以氣憤。

敬請說明何謂叛亂

我們的錯愕是，現在已到了一個什麼樣的時代，爲什麼「叛亂」的幽靈猶在臺灣上空縈繞？而我們氣憤的是，在中共都不是「叛亂團體」的此刻，憑什麼「獨立臺灣會」就是「叛亂團體」？當臺灣有另外更多人在主張臺灣獨立，並且也在發展組織的此刻，憑什麼這四名青年就要被戴上「叛亂」的罪名？請告訴我們，什麼叫做「叛亂」？

我們並不主張臺灣獨立，但並不反對他人主張臺灣獨立，甚至也不反對以「抵抗權」的概念來拒絕一個政權。我們的這種態度是一種民主以及對民主政治中存在著的「責任」核心之肯定。我們相信民主政治的基本價值，那就是所有不願意利益或命運被剝奪的人，都應當作一個「積極的公民」，對社會提出不同的方案和從事負責任的論辯與選擇。這是民主的過程，這樣的過程會使人產生責任感，也會凝結出「社會適當性」。我們認爲臺獨的主張違背了這種「社會適當性」，因而不予同意，然而除了恐怖主義之外，我們承諾並願意聲援有臺獨主張者的存在權以及免於被迫害之權。

然而，我們政府的所作所爲卻完全的違逆了我們的這種信念。它的憲法價值觀錯亂，而整個法律觀更是反動的訓政時期遺物，這兩者會合成了不知所云的政治及法律標準。請問：臺灣有什麼人知道何謂「叛亂」？有誰知道它用什麼標準在決定誰是「叛亂團體」和誰是「叛亂犯」？臺灣人的最大苦慘是，面對統治者沒有邏輯一致性，完全「任意性」的政治及法律標準，除了哭泣與憤怒，我們完全束手無策！

可與不可難見標準

就以「臺獨叛亂」爲例吧，對於這次「獨立臺灣會案」，我們的內心充滿了各種疑惑：

——海外主張臺灣獨立之運動團體難以計數，在這個業已終止「動員戡亂時期」的時刻，除了恐怖主義之外，它們理應全部都在「叛亂團體」名單之外，恐怖主義就是「恐怖主義」，也不再是「叛亂團體」。但我們政府卻從來就沒有告訴人民何謂「叛亂團體」？根據何種標準區分？於是，有些曾被列爲通緝者可以公然返國並受禮遇，有些無害或沒什麼要緊的卻又始終被摒海外。難道是有些人可以從事臺獨的活動，而另外的人卻不可以？可與不可之間，請告訴我們標準何在？

——「獨立臺灣會」的史明，爲臺北士林人，我們從來即不同意他的想法，但我們更厭倦於我們政府長期以來對他所作的「廉價射擊」(cheap shot)。對一個具有執念但並無作用的老者施威，除了具有自慰的作用外，有何意義？對海外臺獨團體獨薄於「獨臺會」，根據的是什麼邏輯？我們爲什麼不撤銷對他的通緝？

——臺灣島內臺獨運動團體不可勝數，公開者有之，秘密者有之；「議會臺獨」者有之，「街頭臺獨」者更有之；各種臺獨運動訓練班無日無之，街頭高呼「臺灣獨立萬歲」者亦經常可見。憑什麼這四名青年就要遭到被捕的可怕命運？請告訴我們逮捕與不逮捕之間的標準何在？難道是主張「社會主義臺獨」卽不可以，而主張「資本主義臺獨」卽可以？那麼，到底是「臺獨」有罪，還是「社會主義」有罪？

任意行事令人疑惑

——而更使人難以理解的是，爲什麼去年三月學運及今年「四一七」學運的「策劃者中的策劃者」的偉大標籤會被送給本案中的青年？去年學運難道不是李登輝總統都肯定的愛國運動嗎？我們的治安單位到底是要抹黑學運呢？或者是要抹黑這四名青年？在激烈臺獨言論及行動都不稀罕的這個時刻，逮捕這四名無害的青年，究竟是想殺什麼雞，儆什麼猴？稍早前，有一位臺獨人士接受記者訪問，談話見諸報導：「我們和國民黨其實一樣，他們獨臺，我們臺獨，不同的只是以誰爲主體而已。」「獨臺」抓「臺獨」，到底根據的又是什麼標準？

對於「獨立臺灣會案」，我們的疑惑並不只這些。歸總而言，那就是我們對此案完全不能理解。因爲無論如何指控這四名青年，我們都可以找出他人也做過類似動作而不被逮捕的前例。難道國民黨的邏輯竟然是，由於這四名青年乃是我們社會的弱者，因而可以偵辦？所謂臺獨的可與不可之間，它的眞正判別標準乃是最叢林性格的「實力」？

除了疑惑，還是疑惑，巨變年代下的臺灣，也是人們充滿疑惑，而官方更加任意行事的時代，它對臺灣完全拿不出清楚的藍圖，也不能告訴人們各種問題的判別標準。它亂丟「叛亂」帽子的習性不肯更改，更缺乏隨著「動員戡亂時期」的終止而將「叛亂」一併埋葬的道德勇氣。於是，它剩下的最後武器就是圖窮匕見的逮捕，而粗暴的逮捕卻正彰顯了它無路可去的窘迫。而逮捕除了會增加四個、四十個，以至於四百個更死忠的臺獨運動者外，只會讓臺灣的問題更加走向無藥可救的絕路。逮捕學生，它的下一步結果就是今天的南韓：八十萬學生及工人走向街頭！

叛亂時代尚未終結

對於「獨臺會案」，我們疑惑、傷心，甚至有了一點點的絕望。在這個大好的民主辰光，如果我們的政府果而有識見與智慧，現在應當早已是島內政治改革與社會改革加速進行，而兩岸關係則大幅改革的時機。但這些遠景一無所見，卻只看到肅殺的五〇年代白色恐怖又告躍躍欲試。去年臺大有一名駱姓學生被調查局拘捕，偵訊一日即被釋回，我們欣喜的以為這是「叛亂」時代終結的象徵，而我們的判斷顯然有誤，「叛亂」時代顯然並未終結，國民黨似乎正要扮演他自己的終結者的命運！

臺灣已經犯下過太多歷史的錯誤，它已變成幽靈，對我們進行咀咒，而現在已不容再犯這樣的遺憾。因此，容我們呼籲：

請立即釋放四名青年！

論「五二九」事件

「在這裏，所有的一切，都屬於權力。
權力臣屬於意志，意志臣屬於欲望；
而欲望，一隻涵蓋一切的豺狼，
受到意志與權力的雙重差遣，
不得已而成爲俘虜，
最後，它吞噬盡了自己。」

權術本質如狼似狐

這是〈托魯士和克麗希塔〉（Troilus and Cressida）詩中的名句：「權力至上」的本

質一如豺狼，會吞噬一切，甚至它自己。而不幸的是，「五二九」事件中已顯露出了這樣的本質。

近代思想人物中，論「權術政治」（Realpolitik）無人能出馬基維利之右。他深剖義大利西西里僭主阿卡索克里斯的權術政治本質：如狼似狐，政治僅僅剩下機詐、殘忍、屠戮、毀約背信、貪婪的權力意志，以及赤裸的權術。「人」在權力意志下消失，淪落爲手段。

然而，人的歷史並不是這樣做出來的。人類爭自由的過程儘管千折萬廻，但它卻有一個共趨的標準：那就是「人」不只是手段，更是目的：不以「人」爲目的，則剩餘的一切不過是語辭的詭辯。唯權術至上的靈魂裏，不可能尋覓到民主政治中一些基本的準則：折衷、包容、協商、平衡。而「唯權術主義」卻正是臺灣當前的政治氣氛。

於是，我們看到了國民黨的「唯權術主義」如何縱橫於權力鬪場，但卻被穿上炫麗的言語衣裳。「官才」、「官品」、「官德」都早已淪喪，只剩下赤裸的權力意志在浮動飄盪。

個個宣稱不必負責

同樣的時空場景，一九九〇年的「五二九」是另一種權術政治的表演場。一名民進黨民意代表對「五二〇」的「不敢衝」公開說「沒有意思」，「五二九」嘯聚了羣眾後卽告消失，對羣眾暴力事件卻又辯稱：「國民黨有武力都沒有辦法，我們有甚麼辦法！」這已是他們的慣伎：嘯聚羣眾、言辭鼓動，而後卽告消失無踪，事後卻個個宣說「沒有民怨，就沒有暴力」、「不要看得太嚴重」云云，眞是絕頂聰明的一羣！

這就是當前的政治氣象，唯權術的氣氛已游離出廣大的「不必負責」的地帶，於是，臺灣的「街頭戰士」開始出現。它是一九八八年「五二〇」的進一步發展，幾部公車，幾個被波及的路人，幾個被燒的警察當然「不必看得太嚴重」，然而，「不必負責」的空間日益撐開，它所滋長的卻是另一種無政府主義的心態，如果說這和自由民主有關，誰曰可信？

這就是「五二九」——臺灣進入了「街頭戰士」的時代，往後的街頭將不再冷清，汽油彈與奔燹的戰士將會成爲例行的景觀。

「五二九」的反對軍人組閣，乃是解嚴迄今最值得解析的事件，因爲：

㈠它與九天前的「五二〇」相同，都是知識界與學生們爲中心而發展出來的街頭運動，而和以往那些反對派政治人物主導的街頭政治運動不同。它顯示出羣眾運動已由政客的懷抱中脫出，而被知識分子和學生所主控，他們的主體性開始呈現。

社會改革英雄志業

㈡「五二〇」與「五二九」的反對軍人組閣運動，最初未獲反對派政治人物的回應，待氣勢已成，反對派政治人物始搶搭巴士。這顯示了知識分子已開始取得「詮釋世界的權力」他們比反對派早一步自「李登輝情結」中清醒，並幫助反對派政治人物清醒。

㈢「五二〇」與「五二九」兩次街頭運動，和所有的羣眾運動相同，它們固然均屬「社會實踐」的一種，但也都注定具有「非預期之實踐」的因素——即它的意義乃是由「將來」所決定，而非完全根據參與者「現在」的想法所決定。因此，大學生所宣稱的「小蜜蜂」乃是一種「反主流文化」的憤怒表現云云，以及宣稱所謂的「遍地烽火」計畫乃是草根民主的形式等，基本上均是主觀的「期待」，而非實踐的「結果」。這也就是說，這兩次運動固然已爲知識分子的新型態運動做了開始，但它畢竟仍只是開始。社會的眞正改革是種英雄志業，是個比統治者還要百十倍努力才能期望收割的事業，而我們的知識分子與大學生才剛剛開始！

㈣而更值得注意的是，「五二〇」及「五二九」終究是高度異質化的運動，它隱藏著太多異質化的過激因素。我們看到了汽油彈與開山刀，看到了對人的任意傷害，看到了「美帝滾回去！」的噴漆，也看到了將觀光飯店視爲「大官陪女人睡覺」的地方的離譜言論。這些都不是進步的力量，毋寧可以說乃是虛無青年的情感發洩，極左斯巴達斯克分子的鄉愁復辟，或是無政府主義的情感浪費。它們相對於進步的臺灣方向，乃是反動的力量，也是隨著時代浪潮前行，而被捲起的泡沫，而泡沫卽應歸於泡沫！

太多思想令人焦慮

「五二〇」與「五二九」有使人驚喜的地方，因爲我們的大學教授和學生們已開始主動的爲世界尋找意義；但它卻也同時讓人焦慮萬分，因爲有太多思想混亂，將「人」當作手段而非目的之無責任行徑，臺灣要進步、要民主，同樣的也需要這一切都以最小的代價來支付。由不民主過渡到民主，中間是個巨大的溝壑，必須用智慧、知識、責任心、有爲有守的情操與擔當來塡補。民主事業不是媚俗僥倖，不是洩忿作秀，它要逃避掉暴力的陷阱，要逃避掉英雄孤獨的陷阱，尤其要逃避成爲權力意志俘虜的可能。

我們等待大學教授及學生創造出這樣的榜樣！

血腥鬧劇

——論暴力的庸俗化

「反抗型的暴力」乃是人類最難以面對的困境，而不幸的是，臺灣的這種暴力正日趨嚴重，它正如同穿透堤防裂隙的涓滴細流，在蛀蝕著人們的判準與認知；野性逐漸奔騰，我們不知臺灣將伊於胡底！

暴力正義劃上等號

暴力令人束手無策，因爲整個人類的歷史都充斥著暴力，牛津大學的哲學教授洪德里希即指出過：「一切公共性質的暴力都是可辯護的。」暴力的充斥，以及暴力的可以辯護，遂使得人們面對暴力時充滿了機會主義；在穿了「民主」、「道德」、「正義」等衣裳的「反抗型的暴力」上尤然。因爲「反抗型的暴力」經常會塑造出一個封閉性的論述結構，在這個結構裏，「暴力」和「正義」被劃上等號關係，於是「斥絕暴力」遂會被這種論述結構的陷阱所俘虜，而成爲「反動」的同義辭——暴力隱藏在語言之中，語言則塑造出暴力得以縱橫的文化。

然而，儘管暴力使人束手無策，但由更長遠的歷史來看，暴力——尤其是惡質的暴力，它通常都是注定了歷史的倒退。於是，一種困惑遂告產生：「反抗型的暴力」可以被寬容到甚麼樣的程度？我們能夠接受甚麼樣的暴力？或者，「反抗型的暴力」畢竟可以無差別的都視爲「進步」的象徵嗎？

其實，所有的這些困惑，更宏觀的歷史進程早就向人們作了提示：

以暴易暴循環上演

——儘管歷史上充斥著暴力，充斥著成王敗寇，但非關民主結構建造的抗爭，均必然只是「以暴易暴」的循環上演。暴力只有在它是爲民主結構而爭，用後卽丟棄的工具時才有意義，而丟棄這個工具卻需要最大的智慧與毅力。因爲，長遠的人類歷史已告訴了我們，民主是一組語言、邏輯和行爲方式；而暴力則是另一組語言、邏輯和行爲方式，兩者的長期疊合，人們失去的將不只是民主，更會是人性。

——由於暴力只能是歷史刹那間的工具，因此，任何企圖以方法論裏各種集體性概念來使暴力合法化的說辭——諸如「正義」、「道德」等，都是法西斯或共產主義的預備。人類歷史上給予暴力最崇高意義者，無人能出法國羅伯斯庇爾及俄國列寧之右，但他們所締造的卻都是最黑暗的時代！

基於這樣的理解來觀察最近連番上演的暴力事件，我們願意使用近代傑出女政治思想家哈娜愛倫特所謂的「暴力的庸俗化」來加以形容。因爲這些暴力所顯示的是一種暴戾恣睢至極的狂亂行爲，如果說這種行爲能够誕生民主，那麼全世界可能早已大同世界。

於是，這種暴力行爲的緣起和它被寬縱的動力，自然成了我們必須關切的另一個問題。

民主革命曖昧交疊

眾所週知，臺灣的民主發展頗多坎坷，它坎坷的過去，遂使得臺灣的民主運動與革命運動曖昧交疊、游移搖擺。民主形勢不佳，則曰民主，形勢趨向良好，卻又多出革命的成分。不同的人羣組合，不同的理念作風，它們交疊之處，也就成了暴力滋長的空間，於是：

——內部的資源競爭，使得它必須以同志愛爲一切暴力聲援。

——民主與革命之間的曖昧性，使得它但知抗爭而不從事民主的建造。而這也正是臺灣民主發展的最大瓶頸，我們只把民主作爲武器在使用著，而不是將民主內化爲價值觀而實踐著。

——由於這種革命與民主的曖昧混合，以及它的結構，它遂變成一個不是與國民黨從事民主品質競賽或問政能力競爭的政黨，毋寧可說是個只知抗爭，而且是個「爲抗爭而抗爭」的政黨。於是，它遂更加不可能丟棄那早應丟棄的暴力手段。

——這樣的情境，加上臺灣民主發展過程的政治文化形成，遂卵翼了暴力，而且暴力也成了不能被責備的現象。任何指責，在這樣的「論述場域」下，均必然會掉進被認爲是「國民黨幫凶」的陷阱之中。面對暴力，剩下的只有「和稀泥」的評論：「暴力令人遺憾，……國會改造才是關鍵」云云。說了和沒有說完全一樣，乃是對暴力的緘默。

這些乃是臺灣的政治癥結。每一個人均在怨懟政治的兩極化，事實上卻人人均在助長這種兩極化。國民黨拒絕國會改造，乃是可公評之事務，國民黨爲此而付出了選票大量喪失的代價，而且還可能繼續失去選票，這是民主；而爲了國會老法統問題卻作出各種人身施暴，卽成了反民主，不能因爲他們是人人厭惡的「老賊」卽認爲「活該」。民主乃是大綱大節，不是好惡攪和！或許只有立腳於這樣的基礎上，我們才能掙脫出以往那種陷入兩黨糾葛而失去是非的醬缸吧！

兩黨糾葛失去是非

我們一向對政黨政治充滿了期待，期待兩個或多個政黨能從事良性的民主品質競賽，對一向只知口頭民主的國民黨，以及對一向只把民主當作武器的民進黨，這種期待並非易事，因爲它們彼此都必須改變。然而，三年以來，臺灣的政治景觀非僅未趨良善，相反的卻是更加惡化，我們整個社會都被這種惡化的政治環境所拖曳，民主與反民主已失去分際，暴力也藉著這個「歷史反彈」的時刻而加速叢生，尤其是在最近更趨不堪聞問。這是一種「政治衰退」，而非歷史的前進。

因此，在這樣的時刻，或許眞的到了我們一起來爲民主重新思考的時候——民主不是理想國的到來，而只是通往理想國的坎坷道路，它必須人人努力，必須斥絕以任何理由來合法化的暴力，也只有當我們理解到這些，或許才找得到通往民主道路的門扉吧！

「五二〇」事件的沈思

近四十年來臺灣最激烈，也最慘烈的「五二〇」衝突事件已告結束。儘管這種衝突的代價太過鉅大，在我們追求民主的過程中並沒有付出的必要；然而，衝突已畢竟成了過去式，再也無法追回。這時候，重要的是我們必須領受教訓，希望從教訓的領受中，為往後的社會進步和民主發展預埋種籽。

截取片斷各做辯護

可是，很顯然的，「五二〇」事件之後的朝野表現卻足以說明：任何一方都無意去反省，事件之後所出現的乃是另一場「政治表態大競賽」，正應了我們曾經做過的「預言」——「正反雙方當然都可以截取片段來作辯護」！

這種現象所顯示的另一意義是：「五二〇」事件絕對不是一個結束，恰恰相反的是，它可能是下一次更大衝突的預備！

人類的一切活動，由語言、動作、姿態，都可以從中找出它的含意。「五二〇」事件之後，臺灣社會的總體表現使我們憬悟到，臺灣其實是個沒有「是非」的社會，臺灣所繼承了的，乃是中國傳統生活方式中最常見，也是最惡質的「護短」。「政治表態大競賽」乃是「護短大競賽」。臺灣的人民被這種「政治表態」或「護短」所誘導，自然的也就失去了認知的座標。於是，一個被切成兩截的社會卽出現了。

自「五二〇」事件發生後，我們發現到，整個國民黨的系統，無論從心態到操作，都是集中在「暴民」這個層次，並且視之爲一個「陰謀事件」：

——國民黨從黨主席到中常委，在中常會上都譴責「暴民」，並指責「陰謀分子」，主張從速從嚴辦理被捕的參與者，殺氣騰騰；其尤者更主張使用緊急處分權來處理類似事件。

——國民黨在事件之後，它的從政部門立卽召開記者會，說明「五二〇」事件，當然是譴責暴力分子一番。

動員組織操作民意

——再接下來即可看到，黨的社會動員系統，很顯然的在進行「意見的操作」。於是，譴責街頭運動的「青年農民聯誼會」開始發起；主張依法嚴辦的「全國律師公會聯合會」也發表譴責性的聲明；……等。

——國民黨的北中南三個知識青年黨部，立即依照它行之有年的動員模式，發動教授與學生來進行聲討。於是，北部各大專院校四百六十多名教授，南部一百多名教授，以及五百多名學生，以及所謂的「全國大專學生聯合會」籌備會的各種聯署譴責文件和記者會紛紛出現。

——國民黨的從政部門，由農委會到經濟部，也開始進行一連串的「消毒」。聲稱政府對農民的照顧如何如何，街頭運動如何有害於投資意願及經濟成長等。

——當時，由立法院到省市議會，國民黨的民意代表更是齊聲指責暴民。

國民黨的這些「意見動員」，「五二〇」事件並不是首次。事實上，稍識國民黨運作習慣者均會發現，這乃是它長期演練後已成了一種習慣的「自動防衛系統」。凡臺灣發生任何事件，這個系統就會自動過濾，自動作出符合黨的利益的反應。它的自動防衛與自動過濾，當然過濾掉了是非與正義。它的整個防衛過程中，從不提鎮暴憲警接近洩忿似的毆打民眾。或有人說「廖兆祥公然說謊話」，其實這是它的整個自動防衛體系在說「體系的謊話」！

各自說謊無法無天

整個黨與政府體系在從事這樣的自動防衛。相對於此的是，另一個體系則在從事另一種機能完全相同的「自動表態」。

在「五二〇」事件一發生之後，在民進黨這個方面，由於被捕者有相當多的黨工，很自然的，它行之有年的「自動政治表態」機能也開始發揮功能。其犖犖大者有：

——民進黨由中常會、立院黨團，以至監委、省市民意代表，均異口同聲的指責警察毆打民眾；並表示將聲援農民云云。

——民進黨的臺北市黨部，中部地區四縣市黨部也同聲附合。

——民進黨的週邊團體如「臺權會」、「臺灣筆會」，……等自然也都聲氣相求的一體譴責警察。

在民進黨這方面的表態文件中，我們看不到任何自承錯失的字句。民進黨的袞袞諸公，他們的處境其實與國民黨的大小人員相同。他們都被迫要講違心之論，這是「同志愛」。由國民黨自動防衛系統所展開的防衛以觀，它所作的一切事，甚至軍警打人也成了正義的表徵。將這種防衛的邏輯推廣，它代表的已是一種法西斯的思想，統治者幾可爲所欲爲。而由民進黨的自動表態邏輯以觀，它其實蘊涵了一種「無法無天」的態度。

公正第三者已消失

這就是臺灣——一個有怎樣的執 政黨就有怎樣的反對黨的臺灣。臺灣社會被切成了兩半，這兩半均在義憤塡膺，他們被傳染、被誘導、被操縱。他們在瞪目怒視。當然，他們的嗜血性也在激盪。

那麼，所謂的「公正第三者」何在？正確的答案是這種在小爭執時以「公正第三者」姿態出現的人士已告消失。他們也同樣陷於一種結構性的，不得不表態的困境中。他們被這種政治文化框限，有著不得不「機會主義」的無奈。

因此，在這個困境中，那十名參與「五二〇」事件而不幸被捕且遭毆打的學生遂格外使人感佩起來。他們自承有些「天眞」，他們也聲稱雙方都要負責任，他們也譴責警察暴力。這是學生們的另一種「天眞」，他們沒有被兩個黨的利益所框限，而這種態度正是我們社會中失落已久的「天眞」。

「自動防衛」對決「自動表態」，這就是「五二〇」事件的眞象，也是臺灣社會的眞象。一件發生在我們每個人眼前的事件，它的眞象已經如此的「理未易明，事未易察」，何況那些年代淹遠的古老事件！

不過，儘管「五二〇」事件有著那麼多人都在說謊，我們並不因此而變得虛無。畢竟，這個時代仍有人有著未泯的良心，有著未泯的天眞。而天眞可能才是自由民主能夠立足的那個最後起點。

未泯良心令人感佩

在「五二〇」事件業已和以往歷次紛爭相同，而演變成另一場沒有是非、只有防衛與表態的戰爭時，我們認爲這應該已到了我們澈底檢討臺灣的政治文化，政治品質的時候了。

無住屋者運動的聯想

「你的家，是日常生活挫敗的避難所，你可以把世界及創傷關在外面。你的房子也是個天堂，子女走進前來，而不是遠遠颺走。焦慮在此平復，煩悶的心神得以獲得活力和勇氣。」這是一九八二年美國一家房屋公司極成功的廣告詞。這個廣告詞爲福蘭克林・羅斯福總統的名言作了註腳：「一個人人有其屋的國家，由於人們在自己的土地上得有其分，這個國家將不可能被征服！」

住屋夢想此生難及

不動產的房屋，由於它的「不動」，因而成了安定的象徵。「有恆產者有恆心」，一個「住者有其屋」的社會，肯定會是焦慮及不安日益減少，人們也更厚重踏實的社會。然而，愈來愈多的現象，卻顯示出我們並不是在向這樣的社會接近，而是反方向的遠去。對愈來愈增加的人，「一棟自己的房子」，幾乎已成了此生難以企及的夢想。或許，爲無屋者多所關心，爲「住者有其屋」作出全程的規劃，已是我們下一個重大的建設目標！

臺灣人多地少，土地乃是有限供應之商品，長期以來卽居高不下，在人口卽將突破二千萬的現在，土地更形珍貴；土地的狂飆加大了房價的狂飆。從民國七十五年底止，以迄於今年四月底，大臺北地區房價已增漲三倍以上；若就近年來房價增長的情形與國民所得之增長相對比，或許卽可發現，臺灣的房價在此次狂飆後，卽已走向了「東京模式」——絕對大多數人，尤其是對未來的青年人，「一棟自己的房子」已成爲不可能。有些人已有了「沒有房子，就沒有選票」的憂悶呼聲！

這些對「一棟自己的房子」的渴望，對達不到這種渴望而產生的悲憤，終於在最近表現了出來：臺北縣板橋的一羣小學教師開始籌設組織，反對高房價現象；而臺北市一羣無產者也組成「臺北市等候國宅聯誼會」；除了這些「無屋者」的行動之外，最近，淡江大學數百名學生爲了房租過分昂貴，也走上了街頭抗議。……在可見的未來，臺灣和許多國家一樣，房屋問題勢必成爲社會力凝聚並反映出來的主要問題。房屋問題已開始被推上了歷史的時間表。

沒有房屋沒有選票

房屋問題逐漸成爲一個許多國家所面對的共同問題，其實已反映出近代已潛存甚久的一些更基本的問題：

——在類似於臺灣，甚或歐美的國家，它們的社會愈來愈「合理化」，「合理化」除了正面意義外，它的反面意義是，人們從出生到死亡，已愈來愈像社會的一枚鏍絲釘，除非得自繼承，或擁有高科技能力，否則即很難在社會的階梯上往上攀爬。他們會有可供平安生活的薪津所得，但卻絕對無力獲得「一棟自己的房子」。八〇年代以來，歐洲強勁的「霸屋運動」(Squatter Movement) 即是最好的徵兆——青年人佔住待整待拆的房子，拒絕遷出，而造成警民大戰的頻仍。

——人類文明最核心的「都市文明」，也促成了都市房價的不斷上升與供需失調。都市文明存在著許多後遺，而房價即是由它所創造，而它卻難以控制的夢魘。

如果我們能注意近年來世界工業國家以及開發中國家的住宅問題，即可發現到，在許多國家都已出現了所謂的「租金暴動」(Rent Riot)、「霸屋運動」等有關房價問題的社會運動。「房屋」業已成爲一種新興訴求的不滿對象。相對的，我們也看到了一些對應補救措施——例如日本實施的「兩代分期付款購屋」，歐美的「房租官定」，……等。許多國家的政府，都已開始運用種種金融性或政治性的手段，意圖匡濟日形棘手的房屋問題。現在，這種問題，終究無可避免的已在臺灣發生，由於臺灣人口密度舉世第一，土地供給最是有限，房屋問題對我們而言，自然有較諸他國更爲嚴重而迫切的重要性。

小羅斯福新政成功

在舉世開始出現日益嚴重的房屋問題，而且房屋也逐漸成爲突顯社會矛盾的引爆點的此刻，我們遂不禁對在處理房屋問題上特具識見的美國小羅斯福總統表示欽佩起來。

美國自立國以來，官方卽從無房屋政策，對當時的美國，房屋乃是人民自身的事務。然而，一九三〇年代，世界經濟大恐慌，薪水階級失業嚴重，於是，大批租屋者付不出房租而被房東驅趕，「租金暴動」開始出現。一九三〇年至三二年間，全美各大都市的此類事件層出不絕，紐約、芝加哥、底特律均發生過警民對打、民衆被殺，甚至房東被租客殺害之不幸案件。房屋第一次成爲社會衝突的重心。

在這個人們爲房屋問題而束手無策之際，小羅斯福總統推展出了一系列的改革措施，最主要的乃是「自用住宅貸款公司銀行」（HOLC）以及「聯邦住宅署」（FHA）之設，他運用一系列有效的金融、行政、都市計畫，……等措施，創造出一種「購買住宅較租屋便宜」的環境，利率極低，分期付款的頭期款低至總價百分之十以下，再配合以種種無法一一舉述的手段，終於解決了當時的棘手問題。小羅斯福首開政府介入住宅問題的先例，總體而言，他所創造的乃是一個極其成功的範例。

整體措施魄力先行

我們在此舉述小羅斯福總統的住宅「新政」，並不意謂我們解決當前的房屋問題應予師法，毋寧是我們應學習他昔年解決房屋問題的魄力與大綜合型態的整體性措施，蓋只有如此，才能匡濟臺灣日形嚴重的房屋問題。

最近兩年來，臺灣已逐漸走向一種新型態的社會，由於房地價格狂飈，股市有若狂瀾，加以利率調高，整個社會的資源已重新配置了一次，其結果便是貧富差距愈益擴大，對青年的一代，他們即將進入的，乃是一個愈來愈難有所幻想的社會，他們胼手胝足一生，或許都不能寄望有「一棟自己的房子」，而我們肯定不能讓他們眞正的失望，甚或絕望。

今天的臺灣，得利於昔年的「十大建設」；爲了明天更好的臺灣，或許，我們應該認眞的考慮另一個可能更艱難，但卻更重要的建設，那就是：

——住者有其屋！

三、軍警特務

反對郝柏村組閣

總統即將就職，內閣亦將重組。就在政局懸宕、猜測頻頻的迷離時刻，突傳國防部長郝柏村即將組閣的消息，使人驚駭訝異。這是近年來臺灣政治上最大的逆退，使人再難安於緘默，更爲臺灣民主前途憂心。

角色加重民主衰退

我們從來就反對軍人在政治上角色的增加，這並非對軍人之歧視或不信任，毋寧是對軍人本分的尊重。由近代人類政治的演變與經驗，早已證實了一個鐵律——那就是軍人的政治角色加重，均必然造成政治的衰退而非進步。軍人在所有的次級族羣之中，乃是一種層級嚴格，紀律分明的人種，它的任務與角色分工，使得軍人必須將世界現象做出某種程度的簡化，蓋只有透過這種簡化，始能塑造出軍人獨特的命令及服從系統，效命疆場。然而非軍人的事務則非如此，它是一個更加複雜，講求歧異，尊重容忍、協商的更大社會。也正因此，軍人介入政治，軍人必然依據其簡化之邏輯來觀照世界，重塑政治。容忍不再留存，歧異也會消失，軍人政治角色加重的結果，通常都會是民主衰退的前因，無論軍人介入政治假藉何種名稱──「軍人干政」或「軍人從政」其效果均然。

軍人由於後天的職業規範，以及由此而造就的剛硬性格與特定意識型態，使得他們成爲與文人相異的人種，爲了尊重軍人的獨特性，限定其政治角色使其不得以任何名目介入政治，殆已成爲民主國家的基本共識。軍人的前途在兵營和戰場，那是他們榮譽和功業的地方，軍人誤而走上政壇，這種角色的錯置，其實既是一種侮辱，也會是一種災難。

冷戰年代毒藥理論

目前世界各國幾乎均已有了限制軍人介入政治的共識，這種共識的形成，與戰後各國軍人介入政治所造成的災難有著極大的原因，而臺灣現在所面臨的卽是這樣的處境。

第二次世界大戰之後，艾森豪將軍以大戰英雄的凱旋姿態入主白宮，戰後的世界結構，美國軍人政府的表現，急速的將全世界推向「冷戰年代」。在「冷戰年代」軍人囂張的時刻裏，出現了兩種合法化軍人干政的「理論」：

其中的一種理論認爲軍人乃是具有高度效率的人種，而民主對第三世界落後國家卻經常是無效率的政治形式，因而落後國家爲了現代化，必須追求效率，在這個意義裏，落後國家的軍人政權遂具有了正當性。

它的第二種理論則認爲，由於現代武器突飛猛進，科技性格日增，因此軍中遂成了一個獨特的科技領域，軍隊爲了現代武器的操作，自然必須培訓大批科技專家，軍隊爲了現代武器的維修與研展，自然也會出現許多具有高度效率的企業體組織，因此現代的軍隊對落後國家的現代化有所助益，現代的軍人對國家的現代化也不全屬消極的因素。

强硬塑造模式人物

上述兩種理論乃是具有極大毒性的「毒藥理論」，這兩種源起於西方，而且是爲「冷戰年代」服務，也是爲美國支持各國軍事獨裁政權作合法化解釋的理論，它造成的惡果是第二次世界大戰後，全球一百餘國裏，有大約七十個國家發生軍人政變，幾乎絕大多數國家的軍人都在現實政治中扮演了顯著的角色。而相對產生的卻是落後國家的軍人政權，以及軍人政治角色異常強化的政權，其不寬容性也異常的突出，迫害與鎮壓不斷，落後國家的統治者所追求的乃是一種新型態的斯巴達式國家——每個國民都服從命令，層級與紀律森嚴，但知工作而不知其他。

這就是軍人干政及軍人從政的惡果，到了八〇年代已全部被揭破。人格強硬的軍人，本質上就是「反政治的人格」，他們介入政治或領導政治，所期望的就是要把每個國民都塑造成規格一致的「模式人」，不符這種規格者就會受到強烈的壓制與迫害，軍人成了一種「新恐怖政治」的成因，它只會造成人民的憎恨與反抗的加深。軍人不但未促成國家的現代化，反倒是隨著軍人政治角色的加重，而更加的蠻橫、貪婪、以及腐化。軍人政治的上述兩種「毒藥理論」，各國人民的痛苦經驗已證明其非，這也是八〇年代中期以後各國人民奮起，要求還政於文人的民主運動萌發之理由。

違逆潮流大開倒車

若果我們稍知各國內政，即會發現到，近年來世界上至少已有二十餘個軍人介入政治的政權被迫交還文人。在普世皆然的這種大趨勢下，臺灣卻擬任命一個素行囂張，以不寬容聞名，在軍中都已廣植羽翼，結成派系，而在政治心態上卻又好戰成性，只會加重兩岸緊張情勢的國防部長郝柏村爲行政院長，這豈止是違逆世界潮流，開歷史倒車的行徑，簡直更是以全臺灣兩千萬人民福祉爲必敗之賭注，使人痛心疾首的決定。李登輝總統的這項荒唐至極的決定，到底是要開歷史的玩笑，或是開自己的玩笑？

無論基於歷史的經驗或臺灣的特殊性，任何人均可看出，臺灣目前的發展，已到了一個轉捩點上。以往的臺灣乃是強人政治，以政治壓制爲本塑造出獨特的臺灣政治及社會風格。臺灣因此而成爲一個「不民主，但卻有效率」的社會。然而，近年來，由於強人政治解體，人民的要求與不滿凸露，以舊有的政治與社會風格而論，這乃是一種「脫序」與「混亂」。面對這種變化，一個有智慧有能力的統治者，他必須了解到這種「脫序」與「混亂」乃是民主誕生前的必經過程，爲了使這種「脫序」與「混亂」在被納入民主架構下而成爲「活力」，他必須從事的，乃是藉著進步的民主作爲，樹立民主新風格，創造民主新體制，並致力於官僚體系自主能力的激發。蓋只有經由這樣的途徑，臺灣始能超脫出當前的窘境，並由「不民主，但卻有效率」，經過「民主，但卻無效率」的過程，而走向「民主，而又有效率」的新階段。

然而，愈來愈多的事例，所顯示的卻是我們的李登輝總統所缺乏的正是這種「民主轉換工程」的智慧，他一再的宣稱「恢復公權力的權威」，現在又擬提名郝柏村爲行政院長，已清楚的顯示了他所緬懷的乃是那個早已過去了的時代。他顯然期望以郝柏村這樣的行政院長，藉著軍人的風格來重新恢復公權力的權威，回到「不民主，但卻有效率」的時代！李登輝總統所從事的，其實乃是一種「鄉愁政治學」！

轉捩點上緬懷權威

對於郝柏村將被提名爲行政院長一事，我們感到的是痛心疾首，這也是對臺灣人民的一種輕蔑與侮辱。這樣的提名，我們的立法院應拒絕同意。李登輝總統可以開歷史的倒車，我們民選的立法委員卻不能成爲歷史的罪人！

軍人——尤其是個戰略戰術修爲欠佳、權力專斷的軍人——即將出任行政院長，在九〇年代的今天，必將使臺灣成爲世界的笑柄，更嚴重的是它將成爲臺灣上空的政治烏雲，阻斷了臺灣政治發展的生機，甚或使臺灣重新走回五〇年代那個不堪回首的「反民主」歲月。因此，這起人事變動，已非一、二人的權力授受，而是全體人民福祉的被出賣。對於這樣的閣揆人選，緘默已是罪惡，拒絕已成了兩千萬人唯一的抉擇！

軍人變成了出柙的猛虎？

臺灣的軍人角色一向曖昧，基本職能只應是保國衛民的軍人，由於國家體制的未充份「正常化」，因而攬收了太多溢出基本職責範圍的工作。軍人自成一個「王國」，自成一個「體制」。他們根據自己王國內獨特的「律法「（並非法律）行事。軍人，由於受到這樣的卵翼，它成了一個人們必須經常關心與焦慮，擔心他們隨時會成爲出柙之虎的族類。

角色曖昧出柙之虎

最近，由於軍人的一些表現，人們的這種焦慮更深、更深了！難道我們已日形增強的民主體制，對這些軍人的張狂仍無法收束？軍人行事的乖悖狂亂將伊於胡底？

首先，我們可以看看新店軍人監獄當局對於雷震回憶錄被銷毀案的反應。當監察委員前往監所調查時，他們講的是甚麼話？典獄長竟然表示：「燒就燒了，參加開會那還要負什麼責任？」燒回憶錄是他「依法行事」的個人行爲，「難道依法行事也有罪嗎？」這位軍人監獄的典獄長居然敢於如此振振有辭的爲自己的違法行事而謅辯。「辯」猶其餘事，眞正使人感到焦慮的是他們背面的「心態」！那種肆無忌憚的、一意孤行，而且是孤行到底的心態！民意機關在他們的眼光下是不存在的，「視若無物」這句成語的正確意思，我們總算懂了！

除了軍人監獄典獄長這種狂逆，以及他手下軍官的「有恃無恐」外，最近軍方高級將領的可能異動，乃是一個更使人焦慮的事件，前情報局長盧光義因涉嫌貪瀆而去職，而竟然將出任行政院退輔會秘書長高職；前金防部司令趙萬富因砲擊漁船而去職，而今不懲反獎、未黜反昇，將任陸軍副總司令之職。這種人事的佈署，它使人擔心的問題就更多了。

出言狂逆心態堪慮

——因爲，臺灣行之有年，而且已逐漸出現的「自主性紀律」，一種基於軍隊職能需要而從事人員昇遷調補的紀律，顯然已出現漏洞，由盧、趙兩名高級將領的新職，可以看出軍人任命將有「派系化」的可能，而所謂的「派系化」，乃是廣義的「政治化」。

——軍隊「自主性紀律」的逐漸隱退，以郝柏村爲首的「派系化」的加深，它更深層的意義是，軍隊新強人的日趨穩固，它會在甚麼時候突顯成更大的災難，顯然已到了人們需要密切注意的，屆時可能進入時間表的問題了！

——軍隊的「派系化」的出現，在某個意義上，當然是軍中新強人的預備，而就其過程而論，它也勢必造成軍中其他非派系中人的被打擊，於是，一個不穩定的過渡局面也將形成。

在蔣介石、蔣經國時代，臺灣的軍隊在兩代強人統治下，透過職期輪調，限齡退役等人事制度的建立，大體而言，臺灣的軍人已高度的被「馴化」，儘管它被「馴化」的尚不徹底，但至少它已是入了柙的猛虎，被關在後院看門守戶的狼犬。然而，由現在的發展趨勢，我們已能感知柙已放鬆、狼犬的韁勒已放！

派系深化喪失自主

這種結構性的軍中強勢派系的出現，再加上軍人對民間事務的囂亂張狂，我們還可以指出另外一個事例來作強調，那就是軍方對輿論的敵視態度。稍早前一家報紙對雷震回憶錄的被銷燬案有所評論，對軍方的狂妄有所指責，然而它不但未促成軍方的自我反省與咎責，相反的卻是我們的國防部軍事發言人公開的對此事進行反擊。那種強人既歿，軍人再也不受管教的態度已具現無遺！

其次我們可以就最近喧騰人口有關「黑名單」之事，再作進一步探討。眾所週知，解嚴之後，有關入出境之事，名目上雖已移交警方，而其實，實質操縱者仍屬軍方，因而，在這部份，不但未曾新瓶新酒，只不過是舊瓶舊酒加個新標籤而已。舊有作風既未改變，最近在各方指責下，內政部對限制入出境之事有所澄清，而細觀其澄清，明顯的乃是搪塞，一種欺妄性的搪塞。

敵視輿論搪塞欺妄

對於軍人，我們一向有著深深的敬意，原因無它，它終究是保國衛民職責的擔負者。問題是隨著一個緊接一個的事件逐漸出現，我們的敬意已開始無所寄託。軍隊新強人的日形浮顯，軍隊派系化的日趨加強，這些近事已使軍人殘存的「神聖性」被消蝕；在這個強人既歿的時代，由於來自上面的約制已減輕，它那些曾被馴化了的品質已有了再度出現的機會，軍人再度開始張牙舞爪，他們的狂妄、他們的目中無人民大眾、目無公意輿論。這樣的狂亂，它引起的是廣泛人羣的憤怒、厭惡、憐憫，因爲，他們眞的不知道自己在做甚麼！

近代學者在研究軍隊角色時，已發現了一個鐵律，那就是無論任何型態的國家，除非軍隊被馴化到脫離非軍人事務，否則即難謂穩定的國家。然而，軍隊通常都是拒絕馴化的，軍人握有槍桿，軍人是一個國家最大的，具有合法地位的暴力。軍人的這種暴力，必然的會使它成爲一個獨特的王國，基於此，我們只有一個方法來約制軍人，那就是讓它自己對介入非軍事事務感到羞恥，讓它自己對自己的特殊身分可能造成的災難有道德上的警惕。當然，這種認識它不可能自己產生，我們社會要幫助它，使軍人們產生！

馴化軍人提高羞恥

基於此，在這個軍人的角色已明顯的趨向膨脹，軍人的羞恥感已愈來愈減少的時刻，我們已不能再寄望於甚麼監察院這種護航性質的民意機關，因爲，由雷震回憶錄的被銷燬，已證明了軍人的「羞恥感」，只能寄望於良知道德尚未被泯滅的新聞界以及人民自己了！現在我們所需要的是不斷的批判與提醒，批判的目的是要誘發出軍人們的悔悟；提醒的目的，則是要讓人民以及軍人自己了解到軍人羞恥感的重要！

論近來各國的反特務事件

七〇年代中期，以《警察國家》一書獲得普立茲獎的美國良心記者大衛懷斯（David Wise）在該書結論中，抨擊美國特務活動稱：「當我們聲稱自己是民主自由的保護者時，卻使用了魔鬼的手段，這時我們已成了魔鬼，我們所用的高尚口號並不能使我們更接近上帝。」大衛懷斯的話語充滿了洗練沈澱的智慧，堪稱爲近代對特務批判的先驅性文獻。

必要之惡屢遭非議

西方世界從七〇年代開始，警覺到了特務這種「必要之惡」的可能之惡，開始了銳利的批判，然而由於社會的支持力量並不廣泛，批判的結果雖然造成一連串的揭發，以及國會的調查，然而具有自我增殖能力的特務機構卻仆了又起，繼續爲害。在美國，它在「伊朗門事件」上造成了更大的風潮。

特務的濫權或權力過度膨脹，由於「伊朗門事件」的再洗禮，終於有了更進一步、層次更加落實的新發展。

美國中央情報局戰後爲了在開發中國家從事間諜工作，普遍設置各種擔負「交通」任務的航空公司，其規模不遜「美國航空公司」，它所僱用的均爲「影子人員」，現在這些「影子人」不甘再作「影子人」，他們要作「光明正大的人」，於是他們聯合起來，向美國法院投訴，要求以公務員的身分辦理退休。他們的目的或者純粹爲己，但不甘再作「影子人」，對那些作難見天日的工作者，卻是一個強而有力的召喚——要作「光明正大的人」！

就在美國國會公布「伊朗門事件」調查報告後，一羣以前的特務間諜和反叛的情報分析員開始站了出來，他們組成「負責任的不滿協會」（Association for Responsible Dissent）向公眾公開他們過去的所作所爲，他們將致力於立法的改善，以及對特務機構監督的加強。

自由價值重獲肯定

誠然，這些現象的出現，短期之內必然使美國的形象受到鉅大的傷害，然而，經由這種特務工作者本身的覺悟與行動，我們深信這實在是一種自由價值的重新肯定，美國將會對特務活動作更多的節制，或許，一個更加符合公義原則，不在國際社會製造是非的美國，將會從這裏再生。

就在美國情報局的這些有損於美國形象的事件紛紛發生之際，在南韓波瀾壯闊的總統大選過程中，出現了南韓前陸軍參謀總長鄭昇和、以及前中央情報部部長金在春挺身而出，爲總統候選人金泳三助選，使「雙十二事件」及「光州事件」等軍特干政，而且濫權至極的事件，在公眾面前攤現。或謂這是金泳三的競選技巧；但縱使如此，這種軍特頭目的現身指控，對久經軍特禍害的南韓人民，卻的確是一種洗禮。南韓的此次大選，出現了許多暴力以及地域主義情緒的敗筆，使人焦慮，但鄭昇和與金在春的出現卻使人安慰。

而在英國，一本暴露特務機構MI—5內幕的著作，也引起了幾乎整個大英國協的談論與爭執。

特務，甚至包括特務化的軍人，在許多國家都受到重視，在討論與爭辯的過程中，也都自然的集中到共同的焦點：如何遏制它的濫權，這顯示出了一個近代各國普遍遭遇到的問題。那就是特務機構已成了人們的負債，而非保證福祉的資產！

天使魔鬼的共生體

秘密的特別勤務，乃是現代國家的「必要之惡」，它如同白血球之於細菌，然而，由近代組織理論亦可發現，這種具有秘密權力的體制，它具有極大的惡性增殖能力，於是它遂演變爲連正常細胞一併吞噬的境地。

除了這種惡性的增殖能力外，秘密的特別勤務機構，它的存在，本質上卽有一種內生的、矛盾的特性。它是天使與魔鬼的共生體，善惡、忠奸等，均會聚在它的功能之中，於是目的與手段之間遂被淆惑，「爲了自由而預防」（Prevention for Freedom），最後都變成「寓壓迫於預防之中」（Repression Through Prevention）。羅蘭夫人當年的名言是：「自由，自由，多少罪惡假汝之手而行。」它的現代版是：「國家安全，國家安全，多少罪惡假汝之手而行。」

目前世界已有許多國家，由於憬悟到特務機構在對內對外事務上的「反噬效果」，已開始由立法或國會加強監督等方法著手，以期遏制它的惡性增殖，反觀在臺灣的我們，縱使在解除戒嚴的此刻，由調查單位的調查學生安全，由調查單位的股市干預，卻都顯示出它的濫權依然強固的存在。除了這些已爲公眾熟知的事例外，特別勤務機關，以及特別勤務化的軍人，他們在諸如文化、新聞，甚至政治部門，仍都扮演著顯著的角色。這種情況至今猶存，且未受到輿論與民意的普遍關切，這就使人不止隱憂，而是扼腕了。

戒嚴解除威權依舊

不容否認，臺灣社會由於合理化的程度已日漸增加，因而已減少了身體式或物理式的壓制，它已被轉化爲一種細膩的社會控制形式。這種社會控制形式，由於它以幽微莫現的方式操作，遂成了一種獨特的「戒嚴文化」，它對要求自由的心靈而言，是一種刺痛，被刺痛而扭曲的文化，即難以發展出健康、大度量的民主品質。「寓壓迫於預防」，這實在是值得我們再三咀嚼的警句。

論臺灣的政工制度

喧騰人口，事涉翻案的「孫立人案」，由於涉案當事人孫立人、郭廷亮、江雲錦、陳良壎等一再的辯白，加以監察院將昔日五人小組調查報告公布，業已進入一個新的撲朔迷離的階段：孫立人案中的整串故事，由「秘密連絡」到「陰謀舉事」以迄於所謂的「南部陰謀事件」，它們究屬「事實」或「虛構」？對此，我們業已陷入「羅生門」式的淆亂之中。

報告公布新的開始

很顯然的，三月三十日監察院將塵封逾三十年的《對孫立人將軍與南部陰謀事件關係調查報告書》公諸於世，它並沒有使我們的疑惑解決。因此，這份報告的揭露，肯定不是個結束，恰恰相反的是，它乃是一個新的開始。因爲這份報告中隱藏著的「春秋之筆」，或許將成爲解開歷史迷惑的鑰匙。

從表面來看，監察院的報告並無新義，由於五人小組不能會晤孫立人之外的其他涉案者，因此它不能提出「新事實」，當然也就不能根據「新事實」來否定「舊事實」。五人小組所能作的只有判斷。他們的判斷和陳誠等人的「九人調查委員會」完全異轍。他們根據「舊事實」，認爲這並不構成叛亂，他們雖然不能挺身爲孫立人案辯護，然而他們的報告中卻充斥著諸如「不宜多所株連」，「不使一人含寃，萬世長歎」等言辭，亦有「深恐主其事者認爲防微之有術，喜揚厲以爲功，倒因爲果，以人廢言」等之表白。監察委員身處民國四十四年的那段歲月，不過亂世之書生，曲筆論事，以待來茲，這不是勇敢的抉擇，但至少仍是無奈之中的最好抉擇。他們從孫立人案中看到一些甚麼，現在終於到了作爲來茲者的我們來解開謎語的時候。這個謎語就是「政工」。

政工制度反動泉源

近代中國，自黃埔建軍起，在那個國共對峙，一方受德義法西斯洗禮，一方受俄國布爾雪維克啟廸，加以日本侵略，漢奸橫行，政治化的軍人卽告出現。由那段歷史我們可以看到不少青年投入了那個陣營，作出了不少悲歌慷慨的英雄事蹟。對那些為了民族生存而流血流汗以至於獻出生命的青年，數十年後的今天，作為後人的我們，仍不由己的崇仰敬佩。

然而，任何偉大的獻身事業均必有庸俗墮落的一面，愛國經常會成為流氓的避難所。大陸時代的雛型政工制度，在抗日戰爭結束後，由於權力的迷惑，由於思想的中魔，政治化的軍人，一反它進步的角色，而弔詭的成了反動的泉源。他們成幫結派勇於派系鬬爭，勇於覦顏爭寵，勇於屠戮同胞，他們缺乏寬容，他們的時代很快的結束。

大陸時期的雛型政工制，到了臺灣之後被建構得更加完整與綿密。

在民國三十八以迄三十九年那段臺灣朝不保夕，有如狂風中的殘燭，巨浪下的扁舟的歲月，臺灣厲行澈底的政工制度，集政訓、特務、肅諜於一體，視自由民主為邪說詖行，而以生存為第一目標，坦白而言，這樣的政工制度是可以被理解的，否則臺灣卽難保有往後發展的機會。然而，當臺灣的危疑年代剛度過，已建制化了的政工幹校，卻日深一日的成了可受疵議之物。因為，政工制度愈來愈淪落為政治鬬爭的工具，它像一雙邪惡詭譎的眼睛，如影隨形的盯住人們的公私生活。

政工制度無所不在

目前已漸次浮現出來的「新證據」顯示出，孫立人案的發生背景即是政工制度。政工制度在軍隊中頑強的存在著，對於企求尊嚴與自主的職業軍人而言，已是一種侮蔑與權力的侵害。有「臺灣第一將軍」之稱的孫立人從不隱晦他對政工制度的不滿與厭惡。他成了政工制度擴大的最主要絆腳石，他被掃除，政工制度才能落實，於是他就被掃除了。

從民國四十四年之後，由於孫立人的被掃除，我們看到了以政工制度為基礎的整軍工作被澈底的進行著，政工在軍隊之中也受到普遍的抵制，三軍八校聯合畢業典禮，官校與幹校學生的羣毆也是常事。一種以防微杜漸為本義，加以被庸俗化，成了不積陰騭，專門「軍中打小報告」的制度，事實上已扭曲了我們的軍隊和軍隊的「自主性」。

軍中的政工制度在它的制度化之後，而被迫「習慣」。然而，它的擴大再生產機構政工幹校仍不斷在生產著這樣的政治化軍人，政工由軍隊浸溢，進入了特務部門，進入了黨政部門，甚至更逐漸的進入了民間部門。它成了一套龐大的意識型態機器。它的成員習於單一化的思考方式，欠缺容忍，凡事均戴著有色眼鏡。他們先扭曲了自己，再來扭曲別人。他們自己不快樂，也使別人不快樂。他們成了一種新的「厲」政！我們不能否認政工制度在某一種歷史情境下有著極大的必要性，然而，臺灣離開那樣的情境已愈來愈遠，但政工制度，尤其是漫溢開來的政工制度卻仍然深深的嵌入我們的社會之中。我們的三家電視臺充滿著政工，使得我們的電視文化不但落後，而且乖異：我們的公家機關充滿著政工，他們愈掌權的地方也就愈反動、落後、不活潑。政戰部門也仍是臺灣最大的報老闆，他們的報紙充滿了殺伐之氣。

回顧孫案多加思考

事實上，政工也是和我們一樣的也都是人子人父人母，他們的扭曲，眞正的泉源在於政工的制度。在臺灣的時序已進入九〇年代的此刻，或許眞的到了我們該好好探討這個制度，並加以撤廢的時刻了。

事實上，我們也了解到，目前有關當局已在逐漸調整政工制度了。職業軍官與政戰人員的互調卽是一種微妙的改變。然而，這是不够的。當臺灣已變得愈來愈繁複多元，各具有自主功能的部門已開始追求它們的自主紀律與規範，意圖以一根政治線就來帶動整個社會的政

警總是「獨立王國」？

一九八七年十一月二十七日至十二月一日，數天之內，臺東岩灣及綠島的警備總部職訓總隊相繼發生所謂的「一清專案感訓犯鬧房事件」，綠島甚至出現八名感訓犯死亡的慘劇，駭人聽聞。

一處獨立的黑暗王國

自岩灣和綠島事件發生以來，迄今已歷兩週。死者家屬心焦，傳播媒體關注，人權機構和國會議員亦絡繹於途，爭欲前往綠島現場踏勘。可怪的是，警總當局對這些請求與要求均一律拒絕，或者只准前往綠島遠眺，虛晃而歸，或者就只是提出口頭簡報。警總不將現場示人，顯示出這個事件的實情必有所隱瞞，而其連龐大的國會議員考察團亦一律拒絕，它所顯示的意義就格外不尋常了：難道綠島這個小島竟已成爲中華民國土地上不受法律約束的「特區」？綠島豈眞是警總的獨立黑暗王國？我們的民主與司法改革以及新聞自由到了警總的門前就必須停止，那麼究竟誰是制衡這個溢出法律軌道的龐大機構？

經過岩灣與綠島事件的考驗，我們顯然已必須正視軍人情治機構和警備總部者的濫權行爲了。否則，任由這種自設獨立王國之事存在，養癰爲患，那麼就難保它不在某個時刻破柙而出，形成更大的災難！

民主法治的反面教材

臺灣警備總司令部乃是一九五八年，撤併臺灣防衛總部、臺北衛戍總部、臺灣省保安司令部、臺灣省民防司令部等部門而來。在戒嚴法的體系下，由軍人執行諸如肅清「匪諜」、入出境管理、郵電檢查等「政治警察」的工作；和海港機場、海岸、山地等「警備」工作，另外則亦執行諸如流氓管訓等司法警察的工作。其工作性質集政治、軍事、司法於一身，在戒嚴的特許與縱容之下，它早已成爲海內外交相責備的「民主法治反面教材」。目前，警總雖早已列入「國防部組織法」，加以今年七月解除戒嚴，警總職權稍縮，然而衆所週知，已自成一個龐大權力網的警總體系並未實質裁縮，而只是策略性隱退。而它的尖銳牙齒終於在此次岩灣及綠島事件中又顯示了出來。

對於這次事件，由於它的眞相至今仍在隱瞞之中，我們除了知道「一清專案」的感訓犯暴動，死亡八人這個事實外，其餘一無所知，因而評之無益。我們所願指出的是警總對待「流氓」的方法中所顯示出的權力本質。

前司法心態不言可喻

臺灣自一九五五年起，就制定了不符「正常法律程序」的「臺灣省戒嚴時期取締流氓辦法」，該辦法中的第三條有關「流氓」之定義充滿「教化性」的語言。這項辦法乃是低劣的法規，然而卻是成功的「社會控制形式」。因爲……

①它創造了一種「壓迫的詮釋方式」（Discourse of Repression），使警總有特別權力來處理「流氓」。由於「流氓」在久被教化的中國人習慣中乃是「壞人」，因而警總遂能任意將人冠以「流氓」的標籤而予懲處。

②它成功的創造出了一種「司法—知識」觀念，在理論上稱之爲「司法—知識理論形

成」(Juridico—epistemological formation)，將法律行爲予以道德化，使警總具有懲治「流氓」的權力。由於這種道德化的過程，這種作法就變得「正當」。人們也就「不敢」「不便」也「不會」去指責它的壓迫本質。事實上，學者早已指出，無論「臺灣省戒嚴時期取締流氓辦法」或一九八五年制訂的「動員戡亂時期檢肅流氓條例」有關「流氓」之規定，其確切者均有相關的「刑法」條文可以論罪，而它長期以來卻都寧取「法外特別權力」，而棄「法內權力」，它的「前司法心態」也就不言可喻了。

不人權本質騰笑國際

由於警總的「前司法心態」，當年的「一清專案」大肆逮捕，寃案錯案已多，但在它的那種「壓迫的詮釋方式」及「司法－知識理論形成」之下，亦無學者律師敢予糾正，深恐招致「爲流氓講話必屬流氓」的抨擊。而今，戒嚴已解，而感訓犯釋放或轉移管轄卻仍遙遙無期，若此能使感訓犯心平，則世間當必已無不平之事矣！

警總除了上述不適法，不人權之濫權本質外，有關職訓總隊之管理方式，若予公開，恐亦難保不騰笑國際。

根據近代有關監獄及懲罰歷史之研究，在「前司法時期」，主要以公開示眾及斬首等爲懲罰之方式。一八〇〇年代初期開始，近代監獄形成「罰」之觀念被整合到廣泛的權力關係之中，「罰」被認爲是一種可以藉著強制勞動，集體嚴管，剝奪自由，加強馴化等方式而使人改造的方式，從而使社會成爲「紀律控制的社會」（Disciplinery Society）。然而經過一百餘年的實施，卻愈來愈證明這種不對等的教化，集體的管理都只會造成憤恨和犯罪的累增，以及犯罪者的高比例回籠。監獄成了犯罪者的「徵召動員基地」。近代對監獄歷史研究最傑出的法國學者傅柯遂痛指監獄乃「文明之癌症」。也正因此，監獄的「人性管理」遂成主流。

綠島是臺灣惡魔島

反觀警總統治下的綠島等職訓總隊，它以「前司法」的方式陷人入內，以軍事化的方式「管教」人犯，它是那個獨立王國裏的君王，難怪人稱之爲「臺灣的惡魔島」！

警總的岩灣及綠島職訓總隊，就司法而言，它是司法權力的濫用。若就更深刻的政治及體制觀點而言，那麼它就是政治權力的濫用。

岩灣及綠島事件發生後，從警總故意阻延檢察官對死者屍體的勘驗起，這種大膽的作風即不斷顯露，包括了：

——它對死者家屬進行恫嚇與分化，且至今猶拒絕家屬們的前往現場。

——它對前往採訪的記者均嚴加管制與追踪，蒐證攝影機亂拍；對記者之詢問待之以敵意；……種種行爲均反映了一貫的囂狂。

——它對一向被認爲屬於「半官方」的「中國人權協會」及國會議員們亦均採取排斥的態度。

上述林林總總的作風，其本意或許在於隱瞞事實，而它卻採取了這種蠻橫的態度，直如視綠島爲臺灣的「國中之國」，這就不只使人痛心而是焦慮了。我們國家的這些職司保國衛民天責的軍人怎麼了？當我們國家的軍人在這樣一個事件上即已表露出這樣的姿態，那麼所謂軍人不會干政、不會政變等斬釘截鐵的昭示，豈不都只是一些空言！「綠島事件」所浮現的只有一點點，我們擔心的是它下面的那個大冰山！

我們要求當局正視這個司法及政治兩種權力一起濫用的事件。沒有人願意看到養癰貽患，而招致噬臍之悔的後果！

保姆竟然變成了畸零人

最近，瑞典警察總監爲偵查總理巴爾默遇刺身亡案，而對特定人選進行竊聽，造成政潮，因而踉蹌去職，而就在此時，我們爲了防治犯罪，卻考慮合法化電話之竊聽。

治安之癌源自警察

最近，美國爲了一名青年待決死囚，而出現要求終止死刑之運動，而我們卻「治亂世用重典」的先後處死刑數十人。

最近，繼行政院長及總統召開治安會議，展開再一次「掃黑」之後，卻出現臺北市保安大隊隊員與黑道掛鉤，進行恐嚇勒索之弊案，另有臺南市多位警官警員向商家索取保護規費之事。

這些都是小故事，但卻顯示出了臺灣治安的本質：我們對犯罪總是嚴刑峻法，以暴止暴，縱或違反人權隱私亦再所不惜；我們從不將司法視爲社會正義的維持者，而只是將其視爲治安上的一種工具性權力；當警察與司法人員淪爲報復主義的行刑人之際，也就是他們與母社會分離，被母社會排拒的時候，尤其是其中的警察。

因此，在藉「掃黑」而企圖遏制犯罪之際，發生警官警員的貪瀆妄行，甚至與黑社會掛鈎之事。它的諷刺效果所提醒我們的應當是，如果臺灣有治安之癌，那麼它不是別人，就是職司治安的警察，而他們也正是我們社會急待被拯救，也需要他們自救的一羣人。

臺灣的警察乃是社會的畸零人，因爲：根據警察的倫理操典，他們乃是被賦予「作之君，作之親，作之師」的「人民保姆」，然而，儘管被給予如此神聖的倫理定位，而所要求於他們的，卻是父權報復主義的工具，於是，警察本身遂必然認知混淆，自我怨嗟。

工作繁雜註定虛無

——自中國近代「裁團建警」以來，警察即始終是政客或政治化軍人的工具，從事各種消極性的懲罰行爲，尤其是政治性或父權報復主義的行爲。這些行爲乃是他們自我期許「人民保姆」的反面。由近代各國警察人格之研究亦發現，從事此種有違社會正義之工作者，均必然逐漸蛻變出虛無化之人格，臺灣自然亦不能避免。

——在中國權力一元化思考之惰性下，數十年來我們均將一切懲罰性之力量集中於警察一身，於是，犯罪偵防、違建查報、戶口稽查、市容美觀、環境污染、海洋及海岸緝私、地下經濟……諸般種種，無不薈聚警察一身，易言之，警察淪爲一切「公權力之下水道」，非僅負荷超載，甚至眾惡歸之。警察成爲最不快樂的人羣。

這樣的警政體制，警察被賦予「神」之地位，而實質上卻只不過是「公權力之下水道」，缺乏社會評價，更勿論人生目標之實現，縱或視爲一項職業，亦爲人人鄙棄之職種。

根據中央警官學校所作之國中生民意測驗，幾無人對此種工作感到興趣；最近警察員額擴編招生，招獲率不過百分之六十左右；警察學校逐年招考，亦殆半均招生不足。警察工作繁重危險，待遇菲薄，不受尊重，福利低劣，於是，註定了他們人生觀的虛無化。

掛鈎黑道濫用權力

而這也正是許多非自由國家的警察共同特徵，他們怯於自己的身分，對社會充滿憤怒，社會也對他們以另一種眼色的待遇，由於他們畢竟是羣擁有權力，而且是鎭制性權力的人，於是權力的濫用遂告出現：他們與黑道掛鈎，收取規費，或者成爲某些特定營業的「穿了制服的保護者」，退役除役之後，或者卽乾脆投入這些具有超額利潤之行業。

他們以行爲向社會宣洩他們的「畸零人意識」——維持秩序者卽反秩序者，這是何等之吊詭，但又是何等的悲愴！

也正因此，對於浸淫在這種被扭曲的「警察文化」下的警察同胞，許多事情都可以理解了：

——一九八九年「五二〇」，保警與流民滿街游鬪，每當一隊警察游鬪歸隊，袍澤們卽歡呼如歡迎戰士凱旋歸來。鎭暴警察藉鎭暴而發洩悲愴，我們終於理解了！

——以往多次發生警員搶劫、警員走私，我們也都終於能够理解了！

——在這種文化下，警察機關奉命整頓治安，動輒喜出之以掃黑，嚴刑峻法，或援用檢肅流氓條例等辦人，而罔顧人權隱私等等，也都可以理解了。對於飽嚐敵意，在社會冷眼中求生的人羣，我們怎麼能要求他們「心中有愛」？執法對他們而言，乃是赤裸的另一種權力遊戲。法律對他們而言，自然也就成了毫無溫情的酷虐條文。

重建警制整頓之首

基於這樣的理解，我們認爲若欲整頓臺灣治安，首要之務並非掃黑云云（我們掃過多少次黑？效果又如何？），而應屬警政體制及警察文化之重建。或許只有透過這樣的重建，一個不以公權報復主義爲基本，而是更綜合性角度看待犯罪問題的方式才有可能。

當警政體制重建，警察不再只是「公權力的下水道」，而是眞正杜絕犯罪的「社會英雄」，具有尊嚴、有人生認同的快樂警察才可能出現。牧歌時代的人類社會，具有警察功能者均出自民間，與社區共呼吸，受社區喜愛，我們希望我們的警察，也能是這樣的快樂人羣。

因此，我們認爲，作爲一個民主轉換期的現代警察，必須具有高度的自主意識和自我許諾。

他們必須爲警政體制的現代化與正常化而爭，俾使警察能夠以「社會英雄」的角色出現，而不再是名實不符的畸零人組合體。

而對於統治者，我們則要求他們也以同樣的心情從事警政體制的重塑，使警察體系成爲只負責犯罪偵防事務的專業技術機構，它不能只心存報復，不能只求以暴止暴，而必須是以社會事功為期許的服務性機構。

臺灣警政體制百孔千瘡，警察人格被扭曲得支離破碎，在掃黑聲中，請警察同胞自己多想想，而我們也為他們多想想！

調查局的醜聞

絕大多數遭遇強烈挑戰的政權，均習慣於將「政治戰場」轉往「道德戰場」——藉著懲治貪污腐化這種道德性的訴求，來重建形象，以期將道德資源迂迴的轉化爲政治的資源。早年的「新生活運動」，南韓前大統領全斗煥初掌政權時的「國民道德運動」，許多不民主國家具有道德標籤的運動，以至於當前臺灣雷厲風行的肅貪運動等蓋皆屬之。

右翼反撲政治型態

然而，眾所週知，政治戰場的面臨挑戰，絕大部分的原因乃是政治的正義結構逐漸失落所致，它眞正需要改變的乃是結構與效率。若果不事結構與效率的改革，一味汲汲於尋找工具性的道德標籤，由於這是將道德標籤作爲手段而非目的，因而遂必然產生「自我摧毀」的效果：國民黨抗日期間要求人們服膺「新生活」，而奢侈糜爛者殆皆豪門巨室和皇親國戚；一逕宣揚國民道德的全斗煥，他的整個家族之所爲，可謂窮盡濫權聚斂以及腐敗蕪穢之能事，完全喪失了道德。他們都以自身的所爲，否證了自身的所言，此種巨大的自我矛盾，其實乃是最眞實的自我否定。

我們認爲，最近法務部調查局奉命肅貪，先後推出「正海」、「正本」、「正平」三個專案，儼然成了道德的中流砥柱，並在「榮星案」大有斬獲。然而，不旋踵卻發生了調查局將在押嫌犯借提，前往「五月花」大酒家飲花酒，一切糜費居然呼喚商人支付的巨大醜聞。這起醜聞自動瓦解了它一逕思想要配戴的道德標籤。

對於調查局的「花酒醜聞」，我們認爲它的被揭發，其實對臺灣的民主發展饒富意義：任何意圖以道德形象來彌補政治缺失的手段，本質上都是右翼反撲的政治型態。政治需要的是公平的結構，以及在此結構中應予遵行的公共倫理規範，而不是一齣「道德秀」。「花酒醜聞」案，有助於使我們了解政治的一些本質，從而才能免於被各種「道德秀」所惑亂。只有當我們了解到它的這些本質，或許才會走向更趨成熟的民主道路。

就民主的公共倫理角度而言，「花酒醜聞」案固有其正面的意義，但由此案的發生，卻也正顯示出臺灣特務機關濫權非法，甚至腐敗的一些本質，正因爲特務機關的這種本質，

「花酒醜聞」案就不只是偶然，而是早晚必將出現的必然。而這種必然，實係源於它的封建結構。

首先就此案的濫權而論，調查局人員辦案，居然敢於借提嫌犯至酒家喝酒。它已清楚的彰顯了調查人員的目無法紀，以及檢方和調查人員之間的沆瀣一氣，就常識而言，這已不是「方便」，而是公然的無法無天。這種無視國法的行徑，當可看出其非一朝一夕之故，而必是淵遠流長，其來早已有自的積習。

其次，再就此案所顯示的腐敗而論，調查局人員借提嫌犯飲花酒，且命商人付費。它所確切顯示的乃是喝花酒的經常，以及商人代爲付費的經常。調查人員公私生活的糜爛由此可見，而商人代爲付費，無非顯示出兩者之間又有一些值得推敲的關係。

我們認爲，物必先腐而後蛆蟲叢生。調查局人員的濫權、非法、腐敗，在此案中具現無遺，而涉及者兩人，一爲現任調查局長翁文維之子翁祖焯，一爲最高檢察署檢察長石明江之子石肇基。當看到這兩個名字，我們的疑惑遂不禁頓然開朗。因爲這正印證了臺灣特務機關封閉性與封建性的雙重特性，也正是此種特性，遂必然的造成它濫權、非法，以及腐敗的諸般現象及此種現象的日趨擴大。

職權違法家法懲罰

舉世各國的特務機關率皆具有一定程度的封閉性，此種封閉性使得它的權力趨向於集中和濫用，而愈是集中的權力，就愈會造成它的腐敗；多年來，臺灣的特務系統，由「軍統」特警班系統全面控制，日趨單一化，外在監督既無，內部制衡也告結束，因而特務系統的濫權及腐化遂日深一日。除了此種封閉性所造成的濫權及腐敗外，臺灣特務系統中一向頑強存在的「無視國法」以及「本身毀法」更強化了這種現象。特務系統具有昔年青紅幫派的特性，自視爲一個「大家庭」。成員利用職權違法，以往多被特務機關本身的「家法」懲罰，而不是依照「國法」處理。據我們了解，現任調查局局長，二十年前任臺北縣調查站主任時，即因貪瀆而被調查局以「家法」監禁一年許。調查局這種特務機關乃是一個「國法」體系之外的「法外體系」，法律對他們乃是辦人的工具，而自身不受約制，於是，一個封閉而濫權的系統遂更加的難以收斂。

除此之外，特務系統的組織性格，常有「親信化」（Cronization）的趨勢，而「親信化」的再惡質一步，遂成了「封建化」，父祖輩爲局長和最高檢察長的調查員，既受整個特務系統的惡性遺傳所污染，又有父兄輩的奥援，而更加的濫權、非法與腐敗。原來遮醜之用的面具，終於註定了要在他們的手上爛盡、脫落，而被掀開。由於他們的「貢獻」，眞正的顯示出，臺灣第一個應該受到調查的，不是別人，正是調查局自身！

全面整頓拆散重組

由於調查局在「花酒醜聞」案裏的自暴其短，它已很清楚的顯示出，當前臺灣的肅貪，調查局已不堪引爲輔翼，而肅貪正風第一個，可能反而是要從調查局做起。

我們一向反對特務政治，尤其對承襲了原有青紅幫遺緒，加上又被政治化的臺灣特務系統更無法寄予厚望。由臺灣的實情，我們毋寧更主張，肅貪工作已應由其他部門擔任，或許在總統之下另設一個嶄新而無負擔的專責肅貪機構，才是我們推展肅貪工作的重新開始。

至於大鬧「花酒醜聞」的調查局，顯然已到了我們要爲它作全面整頓與拆解、重組的時候了。一個機構，它的歷史性格決定它的功能操作，而在功能操作中，又會被歷史性格所穿透。基於此，一個機構除非拆解，它的系統性弊病卽不可能消匿；基於此，現在或許眞的到了我們全面拆散並重組調查局的時候了！

四、看外國 想臺灣

從印度、南韓政局看臺灣

或許，自由民主對東方人而言的確是難以承擔的重量，因而，自由民主遂演變爲逃避自由的死亡衝動。於是，有了印度以人命爲墊底的選舉，到了今天，是拉吉夫甘地被炸得身首異處；也有了同樣由人命墊起來的南韓學生羣眾運動。

擺脫惡夢需要時間

當拉吉夫甘地被炸，血肉模糊，但印度人之中卻有人額首稱慶，認爲罪有應得，我們就知道，這個國家想要擺脫惡夢般的窘境，仍然需要遙遠的時間，因爲，它仍停留在嗜血的文明階段。

同樣地，對於南韓接二連三的自焚，當一名外國記者契斯曼（Bruce Cheesman）都看不過去，而南韓學生卻冷漠視之，我們也知道這個國家也還早得很啦。契斯曼說，他有天看到一名女子自焚，南韓記者圍觀，只是拚命按閃光燈，他所想的卻是救這名女孩，脫下外衣和另一名脫了夾克想要撲滅火焰的南韓人一起救人，但卻有一個學生樣的人把他拉開，——他所期望的是讓這名女子變成另一個烈士。契斯曼掙開之後呼叫人們去叫醫師，但圍觀者卻無動於衷。自焚已成了南韓的一種學運儀式，並和民主無關。

這就是東方，對於衝突和流血、人命有著一種獨特的、近乎痲痺的偏嗜，並在這種偏嗜中得到亢奮。這或許就是東方自由民主的眞正悲劇，這種悲劇使得一切理想與熱情都無處棲身，最後變成了毀滅與死亡。

我們怎麼能指責炸死拉吉夫甘地的凶手？因爲只有最徹底的絕望者，才會變成恐怖主義的信徒。四十四年來，印度的統治者從來就沒有好好的去體恤它多種族、多宗教的人民，於是，一切最後都變成了憤恨。炸死了拉吉夫，也同樣炸碎了印度的命運。

超越標準期待感動

而我們又怎麼能指責將自焚當作儀式來崇拜的南韓大學生們？他們看到的現實政治人物

個個都是貪得的政客，「兩金」普通時候花言巧語，爲了選舉的利益卻可立即翻臉成仇，選完後卻又握手作秀，而盧泰愚卻又完全不能帶給人們新的期望。於是，自焚成了他們最後的悲憤。當金大中又在收割學運的成果時，它給人的感覺是，爲什麼有這麼沒有反省力的政客？他難道還不知道自焚的抗議中，他也是被抗議的一員？白白被燒焦了的身軀，成了另一種悲劇性的浪費。

這就是東方自由民主的眞正問題所在：或許匱乏得太久，政客們永遠是花言巧語的貪得族類。自由民主不僅僅是經濟自由在政治上的延長，它應當具有另外一些超越性的標準，這些標準必須在政客們的事功中顯露，但在東方，人們卻看不到這樣的新標準，看到的只是權利的爭奪和貪婪。能夠裝載自由民主的新容器不能出現，一切只好四處漫流，流出了人命和鮮血。

自焚乃是暴力亢奮

而所謂的「超越性的標準」，並不是甚麼偉大的事務。而是一種更好的人的品質，它是一點慈悲，一點自我利益的捨棄，一點智慧和遠見，它不要求政客「以身飼虎」那種做不到的偉大，但卻需要政客作出一些能夠讓人們獲得感動，而且這些感動可以被留存在制度中的新事。感動是一種新的氣氛，它會使得追求亢奮，並在亢奮中毀滅的人們多一些反思的廻旋空間。

因此，當印度人貧窮到衣食尚且不足，但拉吉夫甘地卻穿歐洲名牌衣服，駕駛私人飛機翺翔，印度人民怎麼可能感動到丟掉炸彈？當南韓政客日日夜夜圖謀權力，而任由新的惡事不斷出現，南韓學生怎麼可能放棄他們瘋狂的自以爲是，甚至焚燒自己身軀亦無悔。自焚是極弱者以生命爲賭注而翻轉爲極強者的逆反過程，它是最大的暴力亢奮。自焚的成爲儀式，南韓其實已找不到可以讓學生們滿意的政治形式了。

同樣的道理也適用於菲律賓和臺灣。挾帶著浪漫至極的「人民力量」而上臺的柯拉蓉，任內除了追討馬可仕的欠債外，任何新事也無成，反而惡事更多。又是一個絲毫不會讓人感動的政權。而再看臺灣，除了不斷的權力鬪爭，以及在人民脅迫下才心不甘情不願的略事改革，它怎麼會使人感動？而人們怎麼能夠不有樣學樣的一路惡質下去？感動是一種使人們會多出另一種更好思考方式的力量，亞洲國家一個個民主步履踉踉蹌蹌，其實眞正的原因，就是沒有一個統治者，一個政黨曾經作出過這樣的事功。所有的都是貪婪、自大、欺妄。而這些肯定承載不了自由民主的重量。

失去能力難有感動

因此，對於我們臺灣，可以作這樣的質疑：爲什麼我們的統治者或執政黨不能走在人民之前，就做出使人民欣慰之事？該廢的法、該創辦的新事、或者該出現新的邏輯，爲什麼它們總是無動於衷？它們爲什麼如此缺乏預見未來的知識與判斷？爲什麼它們的邏輯總是錯亂？正是因爲這些，它們遂成了被人們輕視的一羣。它總是落在人們的後頭。

現在，學運已過，行政院才開始重新檢討動員戡亂時期的法律。能領受教訓總比拒絕教訓爲好，但我們已眞正找到了它不會使人感動的關鍵——因爲它失去了爲民主創造新事務、新標準的能力。也正因此，我們遂對最近的行政院人事改組有所盼望起來，事功決定於人的配置，如果我們的官僚仍是老而無用的面孔的搬位，無論如何搬，也肯定搬不出會讓人感動的局面，那麼，爲什麼不在這次行政院人事調整中，安排出一個讓我們驚喜的全新陣容？

德國與菲律賓的「兩國演義」

這個世界總是悲劇與喜劇交替上演。一邊是戰敗之後被迫分裂的德國，在經過四十五年的歲月後又告統一，並且在歐洲的心臟地帶站起來。由於德國的統一，一個以美元、馬克、日圓爲三軸的世界已告出現。另一邊則是戰後初期欣欣向榮的菲律賓，卻步步衰降，再度軍變，卽將跌入命運的深谷。

歷史災難均非偶然

德國的喜劇和菲律賓的悲劇，眞正使人感喟的或許並非德國與菲律賓個別的悲與喜，而是那些更有普遍性的問題：爲什麼人類文明的創造力總是出自歐洲，戰後的歐洲已開始走往一個新的和平方向？爲什麼類似於菲律賓這種悲劇總是在落後國家不斷的出現？

德國乃是喪失一千萬性命的第一次大戰，以及失去三千萬性命的第二次大戰之元凶。然而，所有的歷史災難均非偶然，第一次大戰起源於歐洲資本主義的危機與軍備競賽，德國戰敗後所受「凡爾賽條約」的屈辱，則是狂人希特勒當道的關鍵：錯誤的互動就已預示了錯誤的結局。然而，這頁錯誤的歷史，在第二次世界大戰後卻開始被逐漸扭轉，於是開始了歐洲的新頁。

如果我們能注意戰後歐洲的改變，卽會發現到英法兩國是以如何仁愛的態度來對待戰敗分裂的西德；它們無意將西德孤立於西歐大家庭之外，「歐市」成立的海牙會議上，邱吉爾熱切的歡迎西德加入，法國也由衷的平等對待，一個完整的歐洲大家庭，在這樣的基礎上，已爲一九九二年的合一建立了根基。和平的氣氛，對歷史罪人的西德，則提供了自我省思的環境。如果我們能注意戰後西德的國民精神活動，亦可發現激烈的右翼雖未絕跡，但西德人民在罪惡感的驅策下，卻普遍對極右翼的思想與標誌有著驚人的敏銳感與排斥力。「凡爾賽條約」得理不饒人的錯誤已被轉化，歷史罪惡也被轉化。

相互善意關鍵角色

除了歐洲內部的這種「和解」外，戰後西德與東德的「非敵對性關係」之建立，更是這種「和解」氣氛的產物。東西德的「和解」，使得蘇聯那種由於兩度被歐洲強國入侵的慘痛經驗，因而必須囊括整個東歐爲其安全緩衝的「防衛性的侵略」成爲不必要。這也就是說，今日的世界大變，固然有著另外一些其他的原因，但英、法、德這些昔日的敵對國家之相互善意，卻扮演了關鍵的角色，它們不但改變了西歐，更整個改變了東歐及蘇聯。

而東西德的統一喜劇，從去年十一月十日柏林圍牆塌倒，不到一年卽告出現，英法等國雖然對德國統一多所疑懼，但本於與人爲善的原則，均未施加阻力。它們深信一個更基本的原則，那就是德國統一的一切疑慮，都將會在一九九二年歐洲大一統的架構下圓滿解決。古老的歐洲，從中世紀以來卽內部征戰不已，德國發動兩次大戰，不過是「三十年戰爭」歐洲各國以德國爲戰場，德意志人民幾乎種族滅絕的果報，而千年征戰，現在終於一切都被拉平，一切都獲得了理解與寬恕。

動盪頻仍殘忍鬧劇

這些或許才是德國統一這齣喜劇的眞正內容。儘管統一的德國，在鐘聲舞影的浪漫之後，將是一切疑難症狀的表露，這將會是人類歷史上最大的政治工程。但西德總理柯爾的話倒是眞正的名言：「如果我們維持團結，並且願意犧牲，我們絕對能分享成功！」對於充滿了奇蹟的歐洲，當理解與寬恕已成了主流的文化，它們就已有了解決問題的神奇智力，擔心卽將成爲多餘。

對於已藉著理解和寬恕而自我提昇的歐洲，大可以不必擔心，但對像菲律賓這樣的國家，擔心卻絕非多餘。因爲它和許多落後國家相同，都仍深陷在那些非常古老的糾葛泥淖中：無止境的權力欲望、貪婪、爭鬪，仍是它們最當令的文明形式！

戰後的菲律賓，在東南亞已屬小康，馬可仕以壯年領政，兩任總統的政績亦可圈可點，這是他一生的黃金時代，被全菲人民所支持。然而，權力的貪婪也就因此而萌芽，實施戒嚴，欲求萬代永續的結果是菲律賓一步步被推進了深淵，統治者的不義使一切同樣不義的反抗都有了正當的理由。

努力追求高度文明

如果稽考近十餘年來的菲律賓演變，我們都可發現它充斥著毫無意義的各種新舊家族的權力爭奪、農民的叛變、回教徒的革命、急進右翼軍人反反覆覆的倒戈和變亂，外國的干預。在這樣的無目的之脈絡下，一切都成了殘忍的鬧劇，柯拉蓉的上臺不過只是鬧劇中的一個戲目而已。

一九八六年上臺的柯拉蓉，當政四年多，出現的是她號稱的土地改革毫無實績，貪汚大行、官箴更壞。四年多的任期，軍事政變多達七起。即以九月爲例，一月通膨率即達十七%，政經形勢的不穩，造成投資的近乎停頓，教師罷教、學生示威、勞工罷工，菲律賓這個戰後初期曾被視爲世外桃源的小國家，和也曾經富裕過的阿根廷、黎巴嫩、巴拉圭等相同，均在急速敗落。而這一切的元凶乃是馬可仕，當他成爲一個獨裁者，整個政治、社會、經濟的規範即全部扭曲變形，國家也就陷入難以超拔的泥淖！

德國統一是一種文明的形式，它以比較高度發展的人的素質所造成；菲律賓再傳軍變及回獨，則是另一種文明形式，兩者的差距大約是一千年的時間。兩個國家的喜悲劇，它給世人的警惕，或許就是怎麼去追求一種比較高度的文明形式與人的素質吧！

論南韓反對黨的大選挫敗

在羣眾的歡呼與吶喊聲中，在催淚瓦斯嗆鼻的氣氛裏，集狂囂、暴力、憤怒、希望等錯綜情緒於一體的南韓大統領直接選舉已於一九八七年十二月落幕，由軍人轉任的執政黨候選人盧泰愚當選爲南韓的下一任總統。

實質的正當性偏低

盧泰愚以百分之三十六的得票率當選總統，將使他成爲一個「程序正當性」充足，但「實質正當性」卻偏低的國家元首。由於「實質正當性」偏低，盧泰愚在往後的執政歲月中，除了必須網羅反對派人士入閣之外，尤須加速度的進行國家和解與民主化的工作，否則百分之六十四希望落空的選民勢必成爲騷亂的淵藪，動盪的潛因。

對於長期遭受軍事統治的南韓人民，軍人轉任的盧泰愚以百分之三十六的得票率當選總統，對他們渴慕民主自由的心靈，不啻爲嘲諷而兼侮蔑的重創。盧泰愚的當選，肯定是個「歷史的鉅大錯誤」，如同人們與上帝擲骰子而被愚弄。南韓人民選後的孤憤與悲愴，具體而微的顯露在光州那位青年的吶喊中：「我不相信，我們都被欺騙了！」更甚者還有悲憤而自殺者！

因此，遍及全南韓各地的選後騷亂，都成了可以理解並且值得深予同情的行爲，甚麼樣的憤怒勝得過被歷史愚弄的憤怒？當一個缺乏「實質正當性」的人當選元首，這種嘲諷怎能爲人甘願的接受？

「我不相信，我們都被欺騙了！」這實在是個最有見證意義的吶喊。新加坡一九八四年國會大選，執政的「人民行動黨」獲票百分之五十九，但卻囊括了國會七十九席中的七十七席，反對青年也有過同樣的吶喊，同樣的悲愴。

同樣吶喊同樣悲愴

的確，他們都被欺騙了。但欺騙他們的並不是別人，而是他們自己以及他們支持的候選人。在許多政治的發展中國家，由於反對陣營的功利化與世俗化，一種怪異的民主體制正在出現之中，那就是反對陣營四分五裂，爭權奪利，因而遂讓那「實質正當性」不足，只不過是大了一點點的政黨，隨心所欲的來控制全局。南韓的大統領選舉是個最令人愴然的鐵證。

南韓的民主政治有著坎坷辛酸的路程。在這個過程中，從「馬山革命」、「光州事件」以迄近年來無數大大小小的事件，也不知犧牲了多少仁人志士的鮮血，甚或生命。南韓的民主運動有如澎湃的史詩，由血和淚所構成。終於，他們在今年藉著勇毅的抗爭，獲得了修憲與民主的「體制」

然而，當進入大統領的實質選舉時，曾經與人民共同爲民主而抗爭的他們的領導人，卻顯露出了他們的狹隘格局。今年七月一日猶信誓旦旦將團結一致，不以選票對決，不蹈一九八〇年爲爭奪候選人而決裂的「兩金」，到了十月卻爲了總統寶座而分裂。一爲「統一民主黨」，一組新的「平和民主黨」。在競選過程中，兩位昔日的夥件，翻目成了今日的寇讎；互揭瘡疤，相互詬辱，甚且暴力相向。不僅如此而已，本來即有地域差異的兩人，他們在競選過程中更助長了人民的地域主義。

被現實的權力迷戀

良好的民主文化，或者對民主政治有確切認知的政治家，都極力要消除以膚色、種族、地域等「初級的族羣劃分標準」，而一向追求自由民主的「兩金」卻爲了「現實的權力迷戀」，而退化成了地域主義的鼓吹者。「現實的權力迷戀」扭曲了「兩金」，扭曲了他們的支持者，扭曲了南韓的民主文化。這是「兩金」的墮落，他們本可晉身爲「偉人」，爲了「現實的權力迷戀」，他們竟將自己丟進歷史的深淵。

事實上，「兩金」自決裂以後卽已註定了失敗的命運，因爲他們出賣了南韓人民的努力與希望。現在，「兩金」決裂於前，而爲了杯葛盧泰愚，又醞釀復合於後，中國人所謂「利慾薰心，喪失理智」，最甚者恐亦不及於此了！

或許，這也就是當「兩金」失敗後，世人對所謂的「盧泰愚作票」之說已不太重視，反而對盧泰愚抱持多一份憐憫的原因了。在一個反對派領袖已失去了「道德張力」的國度，人們只會憐憫這個國家及其人民，而不會再支持它的政客！

由南韓反對派的表現，足以提醒世人的是，當一個失去了「崇高感」與「道德張力」的反對派，已意謂了墮落。

在一個不民主的國家裏，由於體制的不公不義，仁人志士勢必前仆後繼的湧現，誠如美國哲學家桑塔耶納（George Santayana）所謂：「對眞理的要求，使我們急切地接受一切以眞理的面目出現的事務。」

血與淚是難逃宿命

然而，「眞理」是必須考驗的，它必須藉著「實踐」時所產生的「崇高感」與「道德張力」來彰顯自己，來清洗別人。所謂「崇高感」與「道德張力」，乃是代表了「眞理」的人，超越並反抗自己的侷限，藉著這種超越與反抗，使那些蒙昧的人羞愧，進而自我清洗的力量。以「兩金」的關係而論，設若他們任何一方能退出選舉，對於他的支持者而言，第一步他們會加以排斥，因爲他的犧牲使他的支持者渺小化。但在第二步時，他的支持者就會查覺出自己的渺小與庸俗短視，因而飛向那更崇高的諸如容忍、犧牲等地方，他們將會經由這個過程而清洗自己靈魂。經由這樣的過程，民主的品質就會很容易的落實下來，因爲它會成爲「傳統」。如果我們能默察許多民主穩定的國家，可能會發現，他們的人民是幸運的，因

當你看到全斗煥接受裁判的那一刻

就在九個月以前，猶鷹揚跋扈，顧盼自雄的南韓「第五共和」大統領全斗煥，終於在人民強大的壓力下，公開的噙淚懺悔謝罪，並捨棄財產，自我放逐，等待那尚未可知，或許會是更惡的命運。

昔時我罪今皆懺悔

當電視畫面上播出全斗煥已嫌蒼老、倉皇及衰敗的影像，它予人的感覺是驚訝、憐憫、敬佩，以及欣喜。驚訝的是，現在的時間步伐竟然如此迅速，以前可能需要好幾個世代才能清償的統治罪惡，現在卻已及身而報；憐憫的是，全斗煥及其家族刻意追求權勢的結果，最後失去了所有；敬佩的是；全斗煥固然罪孽深重，然而他的懺悔謝罪，終究還是罕見的勇者行徑；而我們眞正的感覺是欣喜——全斗煥的政治罪惡立即淸償，這並不是獨一的案例。

自一九八〇年代的中期以來，由於各個國家的人民日形勇健，現在已到了一個所有統治者都必須戒愼戰慄的時代。一種新的、更直接的，同時也是更有力量的民主內容，業已走上了人類文明的舞臺。往後，人們對公道有更大的預期，應非奢望！

因爲，就在全斗煥懺悔謝罪之前不久，我們就已看到了許多件令統治者寒慄的事實：

在巴基斯坦曾流亡倫敦的碧娜芝所領導的政黨，在巴國大選中獲得了勝利。碧娜芝乃是被前獨裁者齊亞處死的早期總理布托之女。碧娜芝的獲勝，代表了歷史的反彈，以及巴國人民素樸公道心的顯露。

在智利，以政變起家的獨裁者皮諾契特，終於在人民鬱積的反抗之下，在一項公民投票中失去了人民的支持。

勇者新生强人末日

在西班牙，前獨裁者佛朗奇元帥家族的不當財產及醜聞，成了人們批判的對象。

在蘇聯，前獨裁者布里茲涅夫的女婿，由於腐化貪污，而被起訴判刑。

在中國大陸，鄧小平之子鄧樸方，由於涉及特權機構「康華發展總公司」，而受到各界的抨擊，並迫使鄧小平不得不勒令整頓。

在菲律賓，前獨裁者馬可仕夫婦，由於暗殺政敵艾奎諾，終於造成艾奎諾夫人的取得政權，而自己則流亡異域的命運。

在阿根廷，昔日軍人執政團殘害人權、貪污、腐化、任意發動戰爭，終於都難免走上法庭，受到審判。

上述類型的事例，尚有許多罄竹難書的證據。這些都證明了，現在已到了一個訊息傳遞更爲迅捷，各種統治的秘思瓦解得更爲快速，統治者更被嚴格要求與監督的時代。

統治者的殘暴、不仁、濫權、無能、錯誤，都會很快的被要求清償：或者是道歉，或者是驅趕，或者是交付法律審判。現在已經不再是「天地不仁，以人命爲芻狗」的時代，倒反的卻是一個「人民至上主義」（populism）的時代！

人民至上日頭變了

這是一個全世界，無論任何政體的統治者，都已失去了「神聖性」與「不朽性」的時代。近代法國政治思想家勒福（Claude Lefort）曾經指出，在近代政治裏，人們曾經將「國家」、「民族」等範疇具體而神聖化的投射於統治者身上，然而，對統治者而言，這種神聖性與「不朽性」只不過是他們多行不義的面具而已。

現代的人民，是要更透明的去監督統治者。在公共事務的政治領域，統治只不過是統治者實現其個人能力的一個職位而已，表現良好只是「職份」，而不是封建時代的「恩惠」或「德澤」。

因此，全斗煥在七年餘的任內，儘管南韓在經濟發展、外交關係，以及國際形象上均有過一些表現；然而這乃是全斗煥職責之所在。這與他貪戀權力，膨脹權力，任意行使不義毫無關聯。

全斗煥的罪惡是「倫理——政治」上的虧欠——他違背了正義原則中最基本的「對稱的相互性」（Symmetrical Reciprocity）。他沒有把政治當做人與人平等對待的一個溝通領域，而只是把政治看做一種自身宰割他人的「權力」。

全氏罪惡壓傷人權

全斗煥任內七年餘，他的家人在權力的庇蔭下不斷擴張，絕對的權力造成了絕對的腐化；他在「光州事件」中缺乏了基本的人道品質，造成了南韓的痛史。

他任滿下野，卻仍意圖進行暗中的操控……。全斗煥彷彿五、六〇年代那種梟雄當道的時代的人物。他低估了八〇年代的時代，也低估了八〇年代的南韓人民。他錯誤的佔領了一個他不可能佔領的位子。

全斗煥在許許多多不當統治者之中，乃是一個最特出的案例，他的公開懺悔謝罪，不但是南韓民主發展的一個里程碑，對全世界的統治者而言，他的遭遇也必然會是一帖藥劑，使他們在虛怯、焦慮之中而默默自省。

時代已在改變，八〇年代的政治，業已是一種透明，對統治者更嚴格的時代。對於處在民主標準更加擴大，民主內容也更爲豐富的時代的我們，要從全斗煥的教訓中，學到什麼樣的經驗呢？

在中國人的政治中，自古卽有天降災難，天子下詔罪己的傳統，然而，這種傳統終究只是一種表演性質的儀式行爲，它完全缺乏現代責任政治的意含。

在現實政治上，深深鑲嵌在我們政治體制與政治習慣中的，卻是另外的一些秘思：統治者總是披掛上神聖的外衣，統治者總是相信本身的不可能犯下錯誤；既然不可能犯下錯誤，當然也就不可能爲實然的錯誤作任何程度的彌補。

統治者當默默自省

這種傳統，一方面是統治與被統治之間緊張關係的泉源，另方面則是責任政治無由建立的根本。我們的政治始終不是一個可以藉此而作對話的領域，我們的統治者對錯誤也似乎只有一直祈求「掩蓋」與「遺忘」！而「掩蓋」與「遺忘」都無助於民主關係的形成。

經過全斗煥懺悔謝罪的洗禮，南韓的民主又向前走了一個大步。對我們，我們終究會學到什麼啟示呢？

大和魂復活了？

最近，有關釣魚臺列嶼之主權糾紛再起，而就在此時，日本自衛隊慶祝成立三十六周年，舉行盛大閱兵。日本爲了派軍海外的合法化，已制訂「國際連合和平協力法案」，即由國會舉行特別會議審議。世界局勢的演變，日本爲了本身生存的需要，已繼經濟大國之後，逐漸邁向軍事大國的舊路。日本軍事角色的加重，值得所有亞洲國家共同注意。

大幅發展軍事科技

近年來，日本的軍事角色業已漸漸加重，並早已被二次大戰期間受到日軍佔領的南洋諸國共同關切：自一九八六年後，日本國防預算已首度超過戰後憲法規定不得超過GNP一％的規定；由於日本經濟實力雄厚，它的軍事預算儘管只佔GNP的一％，但總額在一九八八年度已達二八九億美元，八九年度更增至三一〇億美元，已與西德及法國互爲伯仲，並爲整個亞太區域軍事支出之半，如此鉅額之軍事支出豈能不爲餘痛猶存的各國所注意？

除了軍事支出的漸增外，近年來日本軍事科技大幅發展，其液態燃料火箭H—I、H—Ⅱ已堪與中、德、法、蘇並駕齊驅，與美國GE合作之FSX戰機亦開始進行，爲了便於海外任務，小型的航空母艦計畫已被列入國防目標之中，第二次大戰時兩大軸心國最主要之重工業機構，西德之「戴姆勒賓士公司」及日本的「三菱重工」也開始資金與技術合作。日本先進之工業技術，已將「三菱重工」、「川崎重工」、「富士重工」、「日立」、「松下」「NEC」等整合爲一個新的軍事工業體系。

國防預算的增加，軍事工業體系的形成之外，更重要的則是一種迫使日本軍事化的國際環境也在形成，彼此激盪，而將日本推向軍事化的不歸之路。這些環境因素有：

聯合杯葛經濟擴張

其一、美國國力日益衰退，它在遠東地區的十二萬兵力已開始逐步裁減，軍事眞空逐漸形成，儘管日本與傳統敵人蘇聯、中共、北韓由來往而和解，然而日本經濟活動旺盛的結果，任何遙遠的地區動亂，均可能危及日本利益，例如波斯灣為日本七〇%石油的來源，中東危機即對日本有超乎異常之影響，因而日本已需獨特之國防設計。

其次，則是現行日本國防乃係根據一九七六年「國防計畫大綱」而制訂策略，該大綱業已期滿。在美國主控下，力促日本加強軍備以彌補美國國力衰退之不足，因此，日本軍事功能加重，美國乃係主要之推力。

而最重要的乃是國際經濟環境之變化。近年來，日本生產力不斷提升，因而對外經濟擴張，日本非僅在諸如半導體、汽車、金融銀行等市場之佔有率不斷增加，並更進入西方內部直接從事土地、企業之購併。日本人之經濟擴張，使得一向重歐美、輕東亞之西方國家不滿，如同第二次大戰前英國抵制日本同一模式，對現今之日本進行聯合杯葛。

嗜好和平漸成天性

其實就近年對美投資為例，一九八九年為頂峯期，各國至美國的直接投資高達二兆美元，英國居於首位，計一二二一億美元，日本居次，為七〇六億美元，但西方獨對日本橫加指責，對英國從事房地產炒作及公司購併卻略而不提，美國國會甚至揚言以諸如「反托辣斯法案」等設限。西方重歐輕亞助長了日本右翼政客的抬頭。日本現任防衛廳長官最近公開就美國駐日軍隊發表談話，就有「美軍應該離開日本，我們從來就沒有叫過他來」之語，結果鬧出軒然大波，公開道歉了事，此事件即足以反映日本右翼政客之反彈！

近年來，歐美除西德與法國之外，國勢均日形衰落，因而對日本不斷杯葛抵制，早已一定程度鼓舞了日本新右翼的出現。不過，值得欣慰的是，戰後和平憲法的保障，以及日本經濟的發展，普通日本人與普通德國人相同，業已厭棄了以往的法西斯過去。因此波斯灣危機迄今的歷次民意調查，主張日本派兵前往波斯灣之日本國民始終在四〇%之下。由於和平憲法之精神，日本國民之普遍厭棄武力，也使得日本軍人始終地位偏低，總人口逾一億之日本，每年自衛隊不過募兵兩萬，經常募不足額。這些事實可以使吾人樂觀以待，日本國民之嗜好和平已逐漸成爲天性。

重歐輕亞傳統歧視

不過，雖然我們應對日本國民樂觀，卻不能對鼓舞日本擴軍以及刺激日本新右翼之國際環境樂觀。因此，對於西方仍舊一貫的重歐輕亞傳統與歧視，身爲東方人的一員，我們不能同意，基於這樣的義理，西方的保護主義以及對日本之諸般設限，日本均應全力抗爭，而在向西方據理以爭的同時，作爲亞洲第一經濟大國之日本，則應有「寧爲東方王道之干城，不作西方霸道之鷹犬」的胸襟，爲亞洲之和平繁榮作出更多的貢獻，對亞洲落後但卻因日本侵略而蒙受不幸的國家多所愛顧與彌補。因爲只有如此，才是亞洲永世和平，以及日本得以找到認同的眞正關鍵。

也基於這樣的義理，對於釣魚臺列嶼問題，日本仍宣稱其爲日本之領土，明顯的是無理之主張。然而，在主張釣魚臺主權屬於我們的同時，爲免主權糾紛永無止境，我們卻認爲有關釣魚臺之海域探勘，應當聯合爭論之各方來共同開發分享。因此，海峽兩岸及日本三方面共同參加之模式，應當是一個可行的模式，讓三方面藉著小小的釣魚臺列嶼，來共同學習忍讓、尊重、貢獻所長、共同努力、集體享用的行爲。釣魚臺列嶼只是個小問題，但若這個小問題都不能在和平共榮的前提下解決，肯定就不可能解決各方面涉及的更大爭端！

臺灣的「日本情結」

自一九八八年起，日本已成世界第一大國——日本援外經費已爲世界第一；由於大量對外投資，日本已是世界最大債權國；大東京全部土地的總價格可以買下整個美國。今年五月底，聯合國設計了一個新的「人類發展指標」，全球一百三十國之中，日本列名第一。泰國總理察猜最近宣布：「世界經濟大戰已告結束，日本大獲全勝！」

美國施壓難減逆差

這就是日本，它每年四千多億美元的強勁貿易力量，使得幾乎差不多的國家都對日出現巨額逆差，單單美國一國卽近五百億美元。在過去兩年裏，美日貿易摩擦嚴重，卽將達到「貿易戰」的程度，儘管美國傾其全力施壓，日本在諸如木材製品、衛星、大型電腦的市場開放上作了小量改進，美國逆差仍然減少有限。儘管東南亞各國在「大東亞戰爭」時飽受荼毒，對日本疑忌有加，然而，日本對亞太地區的去年投資達八二億美元，東南亞各國的製造品佔日本進口貿易的三〇%；至於曾被日本佔領過的香港，由於英美投資減少，相反的卻是日資大量進入，去年一年即達二十億美元，累增至八十億美元，成爲最大外資國家，香港已有五十家日本銀行，日本支撐了香港的繁榮，並爲一九九七後提供擔保。六月份，日本爲增進亞洲國家好感，甚至宣布自動裁減陸上防衛隊兩萬人。

這就是日本。在目前這個世界秩序裏，美國仍是世界警察，用它的軍力維持秩序，而業已擺脫了美國陰影的日本，則以經濟活動來凝結秩序。世界警察惹人嫌恨，經濟動物也同樣不討人喜歡。

總統率先指責日本

臺灣的經濟一向「雙重依賴」——進口依賴日本，出口依賴美國。在進口部分，由於地緣以及生產文化的接近，數十年來，臺灣的機具、技術，甚至近年漸增的消費財，均大量依靠日本，且愈演愈烈，以一九九〇年一至四月爲例，對日赤字已增加二一・七%，達二四・

七億美元，預估全年將達八〇億美元。由於對日逆差擴增，在李登輝的率先指責下，「一人吠影，眾人吠聲」，我們的工商領袖遂對日本進行抨擊，有的主張對日進口實施限額，有的則浮誇的組團擔任自願的說客，前往日本遊說。這是臺灣一向存在著的「日本情結」的再次顯露，而可以肯定的是，它必將不會有任何效果。

臺灣對日本一向具有獨特的「情結」——這是被侵略的過去所殘留的效果。這種「情結」使我們總認爲自己受到日本剝削，例如最近即有官員和立委公開表示「日本賺了臺灣很多錢，應有所回饋」云云（其實，若用日本人的觀點，應當是它賣機器給臺灣從事生產，去賺美國人的錢，臺灣反倒應該分利潤給日本）。這種「情結」遂使得我們無法面對現實，終究成爲自己無能的遁逃之辭。

東南亞國最後王牌

近年來，日本經濟持續擴展，在此種擴張策略裏，東南亞乃是其抗衡美國的最後王牌，因而其對東南亞的投資及技術輸出更爲加速，並透過此種投資而間接從事東南亞的經濟整合，近年已有論者指出，諸如豐田汽車的主體及周邊附屬工業整套輸往東南亞，各廠分設於不同國家，整合運用，豐田六個廠的投資方式即是「日本主控下東南亞經濟區域合作及分工的呈現」。六〇年代日本至東南亞及拉丁美洲等原料國投資，以供本國之需的策略已告改變，九〇年代日本已是原料、投資、市場均「在地化」，甚至參與東南亞的港埠、自來水、電話等公用工程之投資。依據同樣的投資邏輯，最近日本大量投資西歐，無論人力、市場、經理人員亦均在西歐開拓。而不像以往那種將日本本國生產的零組件運至外國拼裝，而後再出口。

獨特政策才有今日

日本的這種投資改變，乃是其國際化程度加深的表現，對臺灣而言，這卻是一個值得注意的訊息，它意味著臺灣被選爲投資對象的機會已告減少，近年來來臺日資雖增，但與其他日本投資的國家對比，卻相差懸殊，臺灣藉外力以改善技術設備亦告減退。於此同時，則是臺灣本身經濟體質的虛弱化，因而造成出口競爭力的逐漸失去。臺灣對日出口難以大幅增長，而自日本進口卻更增，貿易赤字的擴大，眞正原因仍是自己。根據估計，亞洲國家商品的出口市場，在九〇年代將以日本爲主，到本世紀末，亞洲商品輸日將達三千億美元，爲輸美之兩倍，而由臺灣的發展以觀，我們擔心那將會是東南亞國家的天下！

臺灣對日貿易逆差日增，而對日出口之競爭力又逐漸減弱，它所顯示的還是臺灣整體經濟逐漸衰退的一環，但也顯示了另一面——在世界經濟業已逐漸改變的此刻，我們仍未找到自己應該佔的位置。

就以產業的自我改造爲例，若我們能注意日本之發展，即可發現到，自六〇年代後期開始它的民營企業用以研究發展之經費，即始終爲全球之冠，達國民總生產毛額的一至二%左右，八五年之後更超過二%，而日本的國防預算所佔比例不過一%！許多重要關鍵性產業率皆由日本主控，全球半導體市場日本佔五〇%以上……如此種種是能謂之無因？而它每個階段又均有獨特之投資政策，以至於今日形成了「日不落日」的局面，這當然更非無因！

要怎麼收穫，先怎麼栽。對日貿易逆差擴大，原因是臺灣本身，而臺灣又無向日本施壓的經濟或政治實力，譴責云云，不過徒托空言，或許學習日本的振興經驗，自我奮起，才是解決問題的唯一方法吧！

反美！反美？

在世界各國中，美國是被其他國家「反」得最多的國家。凡美國勢力所及之處，也就是反美風潮所到之處。現在，四十年來被認爲是全世界最親美的臺灣，也開始出現了反美情緒和反美行動。它清楚的顯示出，四十年來維繫了臺灣親美的客觀基礎已逐漸剝落，往後的臺灣，反美的情緒有可能擴大。

反美情緒可能擴大

國與國的關係如同人與人的來往，親近得諂媚，或相視如寇讎，均非應有之道。因而，在臺灣的反美情緒開始出現的此刻，審慎的回顧過往，並研析美臺關係的可能變化，並自我尋找立腳的根基，也就成了現階段我們必須有的考量。

戰後臺灣，自美軍在韓戰期間協防臺灣起，臺灣即被納入美國的勢力範圍。美軍協防臺灣，簽訂共同防禦協定，這是被納入「軍事圈」；一九六〇年代，美國經濟擴張，臺灣出口加工業興起，臺灣又被納入了美國的「經濟圈」；隨著軍事及經濟的關係開展，臺灣留美學生日增，他們是臺灣社會的上層。於是，臺灣的親美特性又隨著被納入「文化圈」而更加固定。戰後各國普遍均有反美風潮，臺灣亦先後於一九五七年及一九七八年發生「五二四劉自然事件」和「向美國副國務卿克里斯多福示威事件」，然而，臺灣的兩起反美示威均屬突發事件，而且經事後的研究，亦均屬官方所操縱的事件，並無擴張的潛力。整體而言，臺灣可以說是舉世少見的親美地段。臺灣的安全仰賴於美國，不會出現反美的統治階級，臺灣的經濟成長與繁榮仰賴美國，不會出現反美的中產與農工階級。臺灣有著穩固的親美結構。

過去基礎日受侵蝕

以往，臺灣與美國並非毫無摩擦，例如美國爲了它的亞洲政策，拒絕提供攻擊性的武器給臺灣，並干預臺灣的對外武器採購，甚至亦阻止臺灣的國防科技發展；美國的特務部門也曾暗中支持過反國民黨的勢力或者臺獨運動。然而，利害相權，臺灣仍自美國處獲得巨大的利益，而且美國對臺灣內政的干涉也仍將幾乎絕大多數的砝碼加諸當政者身上。因而臺灣與美國的摩擦也不致於擴大。

然而，以往維繫臺灣親美的基礎自一九七八年美國與中國大陸建交，與臺灣斷交後卻開始有了逐漸的變化。現在，業已到了這個基礎由於內在的侵蝕而剝落的時刻。

自美國與臺灣斷交後，常理上，它必將引起極大的反美風潮，然而，由於臺灣對美的外銷持續增加，臺灣經濟更趨繁榮，政治的所失在經濟上獲得補償，而且「臺灣關係法」的制定也階段性的保障了臺灣的安全。「名」的受損有了「實」的彌補，臺灣的親美特性也就維繫了下去。

然而，這種情況並不會持久，隨著時間的演變，「名」的受損務必會突顯成「實」的受損：

㈠在政治上，美國的對臺政策已有了明顯的改變，去年美國國務卿舒茲在訪問大陸時所作的談話、今年三月中共外長吳學謙訪美時雷根所作的談話，在在表明了美國「迫和」海峽兩岸的態度，對國民黨內的極端派而言，這乃是極大的傷害。

經濟變化摩擦日深

㈡在另一層面的政治上，以往美國對於臺灣獨立的態度曖昧，而到了最近，無論在朝的共和黨以及在野的民主黨，均已公開表明了不支持的態度。於是，對於臺獨傾向者，一種被棄之感遂告產生。

㈢更重要的乃是經濟上的變化，美國國力中衰所造成的保護主義，在過去一年已迫使臺幣升值逾百分之三十，接著又是農產品要求臺灣開放進口的壓力持續而來。去年底臺灣中小企業至立法院請願已出現反美標語，而到了現在，更爆發首起特定的反美農民運動。

由於臺灣與美國的實質關係日形侵蝕，目前已可預估，已開始出現的反美情緒將不會終止，在可見的未來，政治面的以及經濟面的反美並有合流之虞。最近，中山科學院核能研究所副所長張憲義失踪，朝野已有抓出美諜，驅逐出境之論，這是一種政治性的反美情緒；在傾向於支持臺灣獨立的雜誌上，最近也已出現反美的文章，這也是一種政治性的反美情緒；更不必說可能繼此次農民反美之後再接下去的第二波反美運動了。

由於美國國力的中衰尚難扭轉，它對臺灣的政策也不太可能走回舊路，因此，日形侵蝕剝落的臺灣親美基礎也不可能恢復。身處於臺灣的我們，遂格外有必要省思這個問題，畢竟反美是不可能改善問題的。

三角關係變化難測

首先就經濟問題而論，時代改變必然造成經濟的變動，獲利與受損事屬必然。身處於這樣的情境，資本與產品最無流動性與持久性的農業部門通常均會受到最大的傷害。解決這種問題，談判技巧、消費方式、改變經營方式等必須作有效的配合，掌理國家者尤須與它的人民從事良好的溝通，採取有效的對策，甚或以超然的國家地位從事資源的調度，截長補短，務使在經濟變動中能維繫住受損者的「心平」。

單純的經濟問題比較不使人擔憂，眞正使人引以爲憂的乃是大陸、美國、臺灣這組三角關係的變動可能造成的反美情緒，設若稍有差池，它就可能結合了經濟問題的反美，而蔚爲更大的反美風潮。

大陸、美國、臺灣這一組三角關係，事實上乃是當今臺灣一切問題的終極樞紐，美國易於動輒得咎。對此除了美國當局應當審愼的處理這個難解的三角習題，以免起伏之間肇致均衡的失落之外，臺灣本身可能需要作更多深遠的思考。反美不能解決問題，臺灣本身日求民主進步，使人民認同土地，才能避免外國的干涉，與大陸進行均等的對話，盡力尋求共同的和平與利益，才能避免由於被棄感而產生的反美。

克服失落自求多福

反美！反美？它眞正顯示的是，昔日一切依賴美國的臺灣，由於依賴日久，當依賴物不再能夠依賴時的失落。要克服這種失落感，除了自主、自立、自尊、自愛、自求多福，我們找不到別的答案！

有媒介才有發言權

——從日、韓的例子論臺灣鉅資刊登美國廣告的作法

一九八九年九月二十七日，日本「新力」以四十三億美元的高價，收購了美國「哥倫比亞公司」。收購完成之後，「新力」負責人舉行記者會稱：「今後，我們已是美國傳播界的一員，他們就不會再『修理』（bashing）日本了。」

美國傳播醜化日本

美國與日本近年來爲了貿易赤字問題而交惡，美國的文化傳播界基於其一貫的偏狹心態，亟力構築各種充滿意識形態偏見的理論來醜化日本，於是，日本各大公司財團，遂開始挾其財力，向美國文化教育及傳播界進軍。日本人深諳「有了媒介，就有發言權」的本質，它不是有去無回的登廣告，相反的，卻是直接收購，於是，一連串的行動遂告開始：

——「新力」先後收購了「哥倫比亞廣播公司」的錄音公司及電影公司。

——「伊藤商社」及「山多利啤酒公司」合組「CST傳播公司」，與美國的「米高梅—聯藝」合作拍片，投資額一千五百萬美元。

——「日本富士產經集團」與美國一家傳播公司進行合作。

——「日本鋼鐵」則洽商購買美國的「MCA公司」。

——日本財團先後收購了美國西維琴尼亞的「塞倫學院」（Salem College）及俄勒岡州波特蘭市的「華納大西洋學院」（Warner-Pacific College），其他多所學院的收購仍在進行中。

日本人廣泛收購美國的文化教育及傳播公司——而且還不收購影響力小的報社，其實具有極大的啟發意義。他們深刻的理解到「佔領媒體」的重要，當佔領了媒體，即能創造形象及輿論；更重要的是，這不僅僅是花費，更能生財。大和民族乃是一個令人疑慮、忌恨，但又必須欽佩的民族，因為，對凡事勢利的盎格魯撒克遜人，他們找到了最佳的對待之道！

臺灣遊說啞然失色

日本人的收購美國文化教育及傳播機構，令在臺灣的我們啞然失色。相比起來，大韓民國統一教教主文鮮明在美國首都華盛頓所辦的「華盛頓時報」（Washington Times）則是另一種同樣使人敬佩的嘗試，這份立場右傾，多爲韓國發言的報紙，在美國以「自由派」爲正統的報界向受排擠，然而多年以降，它作爲一份略具影響力的報紙之態勢已逐漸成熟。對於華府政治圈，可以不喜歡這份報紙，但卻不能不看這份報紙。

相比日韓的大開大闔，爲自己國家造形象的方法，我們國家每年花費數千萬美元，找美國的公關公司做廣告，或者找過氣的國務院小政客從事遊說，而且以此來沾沾自喜，其間相差的道理就不是區區之數了！

眾所週知，美國乃是一個「利益政治掛帥」的國家，由於它的政治具有這樣的本質，因而「遊說政治」遂告大盛，單單華府一地，職業遊說客，公關公司人員，具有遊說功能之律師學者，以及其他非正式的遊說人員，總計當逾十五萬人。華府乃是政治意見充斥，政治廣告多如廢紙的都市。

收購行動具前瞻性

但也正因「遊說政治」的過度成熟，「遊說政治」也就更加的還原到「權力政治」一途——一切均還原到直接的人民。美國人對內政有意見，開始組織各類「政治行動委員會」，以雪片的信函寄達民眾手中，以羣眾形態對各級政府施壓；外國對美國的外交政策有意見則只有兩途，一是透過智囊機構塑造意見，其次則是透過視訊媒體訴諸美國選民。在一切均逐漸透明化的時代，諸如收買少數官員或議員，進行桌下遊說的時代固然結束，在人人已少看報而多看電視的時代，報紙廣告的效用已大減，佔領視訊媒體直接影響羣眾才更有實效。

從美國政治意見形成的過程、改變及其管道以觀，我們即可發現日本人收購行動的具有遠見，相對的，我們每年數千萬美元的遊說花費，就不只浪費、無效、更是愚昧！

在過去十餘年裏，我們爲了爭取生存空間，早已深刻了解到臺灣的生存空間大半操諸美國之手，於是，新型態爭取美國支持的作法遂告展開。當錢復尚是行政院新聞局長時，臺灣的第一個政治廣告在「紐約時報」刊出，由於事屬初創，縱使此類廣告只有讓自己高興的作用，但花一點錢讓自己高興，畢竟仍有「苦中作樂」的快樂。

掌握媒體掌握外交

回顧過去十餘年之美臺關係，我們可以肯定的說，一切都走在一個穩定的現狀軌道上，而這個軌道的確定，臺灣本身十餘年來的進步乃是最大的基礎，其他諸如遊說及登廣告等，均屬末節。臺灣能委託到甚麼程度的遊說客，大家都心知肚明，而在政治廣告泛濫的美國，連蘇聯及南非的大幅政治廣告均照刊不誤，有幾個人會去看也值得懷疑。過去若干年內臺灣對美國人的工作，較具實效者，勉強只能說對幾個智囊基金會的掌握發生了少許作用。

我們一向認爲，臺灣的生存空間需要作更大的開創，而臺灣生存空間的開創又必然需要藉著美國的通道始克達成，這乃是臺灣的宿命。而可以肯定的是，現行的一切遊說與登廣告，其邊際效用已遞減到幾乎到零的程度。易言之，若想作更大的開創，我們已需直接向美國、歐洲、甚至亞洲，作更直接的向人民的訴求。而唯一的管道便是臺灣向國際媒體，尤其是視訊媒體進軍。當我們掌握住視訊媒體，卽可藉著它，爭取到廣大民眾層次的支持，而我們並不是沒有這樣的能力。媒體卽是霸權（Hegemony），它能爲自己造形象，也能不再仰人鼻息的說出自己的主張。

比較了日韓爲自己造形象的新方法，我們對日本收購美國媒體的作法最爲讚賞，它比起我們每年送幾千萬元給那些「老朋友」，不僅用錢有效，而且可以化被動爲主動。以臺灣目

五、歷史、思想、文化

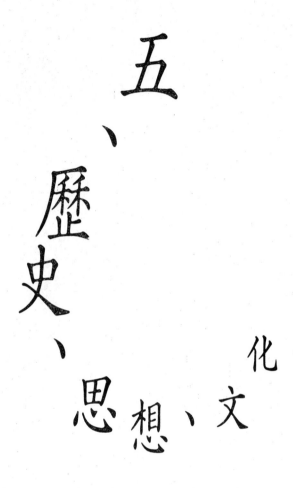

革命與暴力的辯證

一七八九年七月十四日，巴黎羣眾攻破巴斯底獄，法國大革命爆發。在它結束封建統治的同時，斷頭臺也結束了一萬七千個人的性命；而在壓平 Vendee 地方的保皇黨農民叛變時，殺戮則逾五十萬；大革命的混亂失序，使得強人拿破崙取得政治權力，他在民族情緒的庇護下，東征西討的結果是，二千七百萬法國人死亡二百萬人，鄰國死亡者猶未計及。

一切暴力源自貪權

就在法國政府熱烈慶祝大革命兩百週年之際，法國歷史學家福瑞（Francois Furet）說：「大革命已經結束了，它到了兩百年之後的現在才告結束。我們爲了個人的權利付出了慘痛的代價，法國人直到現在都只向著自己，愈來愈不關心公眾事務和別人的問題，人的團結性也愈發的稀少。」福瑞是個譴責大革命暴力的歷史學家：一切的暴力均奠基於權力的貪慾。

另一位法國政治思想家勒佛（Claude Lefort）則對大革命期間專門喜歡把敵人送上斷頭臺，最後是自己也被送上斷頭臺的羅伯斯庇爾做了詳細的語言研究。他把羅伯斯庇爾及其徒眾的許多演說加以分析，發現到他們所運用的各種概念，本身都是沒有定義的，而是依靠著敵人的存在而被定義，他們打著「道德清純」（Incorruptible）的招牌，使一切政敵都成了「妥協派」、「機會主義者」而上了斷頭臺。他們塑的造乃是近代第一個政治恐怖主義，史達林是繼承著。

由歷史的研究業已得知，法國大革命前夕的路易王朝並非暴政，而只是無能，而大革命所標示的「自由、平等、博愛」都只是烏托邦的信念，而非確定的可實現範疇，於是，烏托邦遂變成了政治極端主義，最後以屠殺和恐怖作為結局。

革命只是不幸符號

由法國大革命期間的口號，再驗證以福瑞教授的觀點，我們可以這樣的認為：一切的政治口號都沒有意義，它最後都必須落實到人與人的互動關係，以及體制的建立上才具有意義，因此，人類的歷史上從來沒有絕對的「自由、平等、博愛」這種東西，人們走向所謂的「自由、平等、博愛」，需要歷史的沉澱，時間的洗鍊，以及人對自己的改造。

我們今日回首法國大革命，由於連一向最堅持共產主義的國家都紛紛自「革命」中退卻，「革命」的正當性遂日益減少。以法國大革命爲例，儘管它創造出了無數到後來終於陸續實現的人道措施，也創造出了許多人道平等的觀念，但在兩百年前，它的社會並無法撐出這些人道，它的國民素質也無法吸收這些文明的新成份，於是，人道背面的殘酷反而藉此而產生，大革命初期的積極分子，後來也上了斷頭臺的羅蘭夫人，她那句名言「自由，自由，多少罪惡假汝之名而行！」實在有著顚仆不破的道理在焉！

從十九以迄二十世紀，乃是法國大革命感召出許許多多革命的時代，然而，作爲一種迷思而存在著的革命，它所遺留的卻是罄竹難書的歷史災難。卽以近代最後一場「人民力量」的革命——菲律賓革命爲例：人民的力量驅逐了一個昏庸無能的馬可仕，而迎接到的卻是一個程度伯仲，貪汚，腐化，無能毫不遜色的柯拉蓉政權——設若不是美國強力支撐，這個政權可能也早已不保。革命是不幸的符號，而不是光榮的象徵。也正因此，法國國民今年紀念大革命兩百週年，許許多多歷史學家爲法國大革命作「反翻案」——否定大革命的意義，從歷史哲學的角度而言，這其實是法國人民「精神驅魔」的象徵，法國人民需要擺脫大革命的陰影，重新且務實的面對它的未來。

災難過强精神驅魔

不過，一切的歷史解釋都是現在的人根據現在標準而做的解釋。法國大革命儘管災難深重，失去百萬以上的人命，畢竟那些都已成了過去。大革命之後的法國，面對著更落後的非洲與亞洲，它仍然有著可以剝削的腹地，法國終於站了起來，並在兩百年後的今天，成了「世界七大富國」之一，而相對應的卻是，絕大多數昔日的被殖民國卻沒有這樣的歷史幸運，它們仍然在爲民族獨立，經濟發展，自由民主等相互衝突的目標中掙扎並求生——它們仍然需要艱苦而漫長的努力。現代的世界，由於富國與窮國的距離已愈拉愈遠，後進國家的命運也就更形艱難，它們需要付出比富國更多百十倍的汗水，才可望不墜入絕望的輪迴。

法國紀念大革命二百週年，揚棄革命的暴力，並認爲以往那種視暴力爲「革命的昇華」的說法純屬無稽之談，法國人在爲自己「精神驅魔」時，其實也爲全世界作了同樣的「精神驅魔」。在此同時，法國也邀集七大富國元首召開高峯會議。強調富國對破壞世界生態應負起責任，而重要的是，緊接於此，全世界最窮的國家，也有二千五百名代表在巴黎集會，尋找它們坎坷的道路，它們在法國大革命二百週年的此刻能學習到甚麼樣的經驗呢？

法國人紀念大革命二百週年，他們得到的答案是：法國人從盧騷提出「國民公意」的觀念之後，即走錯了道路，「國民」並無「公意」，需要的只是「爭」「讓」之間的道理，「國民公意」爲羅伯斯庇爾等「烏托邦恐怖主義」打開了大門，而羅伯斯庇爾卻爲拿破崙獨裁舖好了階梯，而它們的罪惡到現在才開始漸漸洗清。

經過整整兩百個年頭，法國人民才清洗大革命的夢魘，這顯示出，人類眞正的敵人乃是「時間」。已能免除革命威脅的富國對窮國多一點切切實實的協助，而窮國則有自尊的走自己的道路，或許這才是使一切不幸的革命從這個地球上消失的唯一方法吧！

走出「五四」的陰影

所有的文化「象徵」，其實都有著異常吊詭的兩面性；它一方面是「記憶的塑造」，使我們不致於將過去遺忘；然而，被塑造了的記憶，它卻經常反轉回來，將我們捆綁，使我們的雙眼蒙昧，使我們錯誤的把由於歷史偶然性而形成的那個「象徵」視爲必然性的圖騰，於是，我們有了「過去」，卻失去了「現在」！被記憶捆綁的人，也就是失去現世創造力的人！

五四精神文化象徵

「五四」就是這樣的一個文化「象徵」，一個「符號」，一個來自歷史幽闇處的「召喚」，現在，「五四」業已七十週年，而詭異的是，海峽兩岸在這個時候，又都同樣的再紀念那個業已消逝七十個寒暑的古老歲月，並在圖騰儀式中走進過去。其實，世世代代人的輪替，生命的更新，我們並不需要那麼多的「象徵」來作依戀，毋寧只需要不平之心的鼓沛以及對自我的信賴。因此，當紀念「五四」七十週年，眞正最佳的獻禮，或許反倒是將「五四」自己獻爲燔祭，而後我們走出「五四」的陰影，走向自己嶄新的，考驗創造力的路徑。

最近，法國哲學家波德瑞拉卽這樣的論說過：巴黎已成博物館，法國人正在耽美之中漸漸老去；而美國則在庸俗之中仍有節慶的快樂氣氛，而那正是生命創造力的泉源。波德瑞拉容或在揄揚之間有倚重倚輕之失，然而，耽溺過往，乃屬老化，這正是我們揚棄「五四」同樣的理由。

七十年前，那時整個中國仍處於蒙昧時期，外有強梁窺伺，甚至進入中國內陸嘗行瓜分，內則政治專制，民生凋蔽。一個卽將一無所有的國家，它所爆發的反抗，必然意圖囊括一切可能獲救的機緣。因此，「五四」乃是一個蘊涵了一切範疇的「象徵」：反帝、愛國、自由、民主、科學、民族、資本主義、新文化……它無所不包，而無所不包的更眞實意含是：它毫無所包，而只是一個虛幻的烏托邦。「五四」只有激情的嚮往與憤懣，而毫無實踐的程序與方法。「五四」成了一個模糊的、多義的「象徵」：

——對統治者而言，「五四」成了一個可以被攫取之標的，中共取其「反帝」「愛國」

之一端，國民黨則取其狹窄了的「新文化」一端。「五四」的浪漫情緒落入了塵土。——對世代交替出現的中國學生及知識分子，「五四」這個激情的、模糊的象徵，它所照亮的也是一代代模糊的激情，一代代不能清楚的進行實踐的學生知識分子。當年代日形淹遠，「五四」退化爲純粹的儀式，它就成了知識分子羣每年一度精神自我慰安的高貴「符號」。他們甚至已失去了去和統治者爭奪「五四」解釋權的能力。

眞實意涵無所不包

這就是眞實的「五四」，「五四」的意義存在於它的無可奈何之中。「五四」是個無所不包及無所包的浪費情緒，它所召喚的，也是同樣漫流無序的熱情。無所不包的「五四」太過偉大，使得「五四」推演不出行動力——因爲任何行動必然只能截取一端，因而成了渺小。至於無所包的「五四」，它只是個華艷的空中樓閣，無跡可踪。

「五四」，以及近代國家類似於「五四」這種無所不包的反抗「象徵」，由於它的寓意之中缺乏了清楚的認知及行動指標，當它們果爾成爲一種歷史召喚時，它就只能喚出熱情。南朝鮮「三一運動」以來的知識分子運動即是個例證。「三一」乃是比中國「五四」更悲壯的「象徵」，它能喚起不絕如縷的悲壯感情，但卻開鑿不出容納這些感情的溝渠；「三一」這個象徵所帶動起來的學生知識分子運動家，他們的藍圖是「過去」，而不是「現在」，當然更不是「未來」。

歷史結構主動實踐

「五四」的傳統，當然較諸「三一」傳統小了多號，但它們同屬於時空的錯置則相同。這也就是說，從「五四」中，我們不可能找到實踐的張本，如果學生知識分子從事實踐，它的第一步就是要拆除「五四」，如同當年的火燒趙家樓。當我們不再仰望「五四」，而能「當下卽是出處，眼前就是新天」的進行實踐，由歷史的結構分析看過去和現在，並從事「主動的實踐」(Active praxis)，一個步伐，一個清清楚楚的腳印，那麼，我們無論臺灣，或者大陸，就不會七十年後，猶然在「五四」底下繼續的乞討生活。

事實上，當我們愈能比較不同人羣的生活方式，便愈會理解到，人類的進程，儘管終極的目標都在人的從各種束縛中獲得解放，然而，路徑卻可各本創造力而予設定——基於個別人羣的主客觀差異。而眞正值得注意的是，路徑的創造，絕對不可能從「過去」中尋找，

「過去」只有消極的，警告的意義，而不會有創造的意義，當我們深知物質的世界均需新的創造力，而對更細膩複雜的人的世界，卻去諸如「五四」等古老的象徵中找啟發，那就是人低估了他們自己。

「五四」七十年，而海峽兩岸的學生們，都依照自己的需求，自己的意願，以及自己的方法，勇敢的，但卻是和平的，甚至有點歡樂意義的從事運動——這正是法國近代哲學家勒佛瑞所謂的將「節慶意含」帶進運動之中，運動不再是悽厲可怖的事務，而是成為更容易振動普遍人羣心靈的事務，運動不再挖掘人們記憶深處的幽闇意識，而卻是去開發人們的歡咎、善意、以及嚮往。在海峽兩岸，眞正的「後五四」青年，終於都在戰後——尤其是冷戰後的氣氛下誕生了，我們衷心的期望，兩邊的社會，兩邊的青年，能使得雙方都更趨美好。

「西安事變」五十二周年

時光迢遞，歲月悠悠，對於「壯年抱羈恨，夢泣生白頭」的張學良將軍，十二月十二日的到來，必是獨特的況味。

判刑十年嚴加管束

因爲，一九八八年的「雙十二」乃是「西安事變」的五十二週年，而他已是八十七歲的老人了。不久前，孫立人將軍剛剛過完九十壽誕，他的生日慶祝大會乃是個集體清洗，復歸清白的儀式。在爲孫立人將軍翻案之後，顯然也已到了我們關心「西安事變」的時候！

一九三六年的「西安事變」，這個中國近代史轉捩點的「兵諫」事件，它的歷史積極意義是張學良將軍以個人之所「失」，促成了先總統蔣介石個人之所「得」，一個「團結抗日」的統一陣線開始出現。然而，張學良將軍獲得了什麼呢？

——他於「西安事變」之後，「護送」蔣介石返回南京，未幾日（十二月三十一日）即被軍事審判判刑十年，而後蔣介石又於一九三七年一月四日作態「特赦」，卻又軍令「嚴加管束」。此後即一直「管束」至今。一九五九年宣布結束「嚴加管束」的軍令，而其實卻依然「管束」迄今。今年二月，行政院長俞國華在答覆立委質詢時表示，張學良將軍已恢復自由，不再受「拘束」，而究其實際則是他仍得不到一般人民所擁有的旅行、訪問、通訊、出國訪問等自由。「西安事變」五十二週年，張學良將軍即被幽禁五十二年，由青絲而白髮，由白髮而近暮，開舉世幽禁最長之特例。對他個人而言，或者對近代史而言，這豈非「萬古如長夜」的悲劇人生！

如果張學良將軍的人生有若晦冥長夜，那麼，「西安事變」另一主角楊虎城將軍的人生就是「地獄深處的號泣」了。他後來被軟禁於貴州息烽玄天洞，國民黨失去大陸之前，傳令格殺。楊虎城將軍一門，甚至他的秘書全家盡遭屠殺，雖襁褓稚兒亦不能免。人性之陰鷙殘酷與卑汚，豈有勝於此者？

恢復將軍全面自由

昔日唐太宗曾有「令天下諸州舉人手詔」略謂致治之君，「屈己以伸人，故能成其化」。爲亂之主，「虐下以恣情，用能成其亂」。虐下以恣情！虐下以恣情！由「西安事變」處理得如此，「虐下以恣情」豈非蔣介石昔日爲自己預埋毀滅的種籽嗎？

對一個袍澤盡散，來日無幾的八十七歲老人，五十二年的幽禁恐怕任何人都要說：「夠了吧！」，今年的「雙十二」，「中國東北大學在美校友會」聯合「北美二十世紀史學會」等計六個團體，爲紀念「西安事變」五十二週年，特地在美國華府的「美國天主教大學」舉辦「張學良將軍全面自由研討會」，這個研討會之目的在於「根據國際自由人權標準，綜合各方專家意見，對張學良將軍自由的程度作出結論」，並「應當先檢討，他對祖國主要貢獻」是否「功」超過了「過」。

研討會認爲「法律上，張學良將軍應享受臺灣公民一切待遇。如果現在他仍得不到全面自由，那就是不合法，應當尋找適當方策，幫他恢復全面自由」，歸總而言，這個研討會的整個「意義」是：他們正式提出了「夠了吧！」的呼聲！

仁忠雙全英雄少年

張學良將軍的一生，功過如何，未來的史家自將探討。我們的看法是：他以東北軍閥張作霖之後，接掌大權，設若他有稱霸之心，以東北之強及日本之奧援，未嘗沒有入主中原之機會，那他以二十八之齡，卻寧願切斷對日本之依賴而易幟，成爲中央治下之地方政府，以求國家之統一；翌歲，他更率軍入關，平息了使中國屠戮日深的中原大戰。以軍人身分而反對中國軍人自相殘殺的內戰，是謂之「仁」；而後，一九三一年「九一八事件」之後，他爲了助成蔣介石的全國聲望，以準備抗日而自行出國旅遊，此謂之「忠」；「西安事變」後爲恐蔣介石令譽受損，寧願以自身作犧牲，陪同赴京「認錯」，是謂之「義」；更不必論他主政東北期間，深悟強國必先自教育著手，因而大力發展教育的識見與功績所顯示的「智」了，而值得注意的是，他這一切作爲均發生於三十五歲之前——這正是人生最素樸、最樂觀、最不知人性險巇，對人最信任、對國家最有熱望的火熱青春歲月。英雄出少年，而我們的歷史所驗證的卻恰恰相反。悠悠青史多奇恨，辜負英雄一片心，歷史的進程，豈眞是這樣的反諷與無明嗎？

人類的歷史經常混沌不明，它婉蜒而來，渺渺而終，過程中交疊著災難、不幸與不公。這些災難、不幸，以及不公的印證，模糊了我們的雙眼，因而常使人們爲歷史的「無目的性」而心生失望，從而懷疑歷史這位看不見的人，它將把我們帶到那個方向。

人道標準轉折歷史

然而，若我們能從更遠的角度來看歷史，或許將會發現，它其實早已不證自明的在它的進程中表現了清楚的「目的性」。以往，類似於張學良將軍的這種案例，乃是「萬古沉哀」或「千古奇寃」，而現在，至少已「公道自在人心」的有了一定的評價與清償，而「够了吧！」的呼聲，則更要求這種清償不能繼續的稽延，它應當在這位老人身上得到彰揚。

義大利的歷史哲學家克羅齊曾謂：「收集死的文獻和記載空洞的歷史，都是爲生活服務的行爲，一旦這種歷史得到充實，並對我們的精神來說，成爲現實的東西，用它們再現過去的歷史時刻就會到來。死的東西會復活，已經的歷史會再一次變爲現在的東西。」，我們今日紀念「西安事變」，乃是因爲它「對我們的精神來說，業已成爲現實的東西」，「而我們現在的精神」則是「民主」與「人道」！我們自然就會在「民主」與「人道」的標準上，爲

「西安事變」作出完全不同於往昔的歷史詮釋，在這樣的轉折之間，已是我們巨大的進了一步。

在這個意義上，我們認爲重新評價「西安事變」或者爲張學良將軍請命，它的「意義」與孫立人將軍相同，他們兩人所蒙受到的殘酷與不仁，不僅是無常歷史的殷鑑，也是人性幽暗陰鷙的表記。

而現在我們業已遠離了那種夢魘的時代，當我們回首而望，他們所蒙受到的不幸，遂反過來已成了我們進行更深刻化的反省與揚棄的指標，他們所蒙受的災難，本身即是一個「死亡天使」，這個「死亡天使」在我們的背後彰顯出歷史的錯誤，人性的不良，體制下的不公，只有當我們深刻的去理解這些，並使這些惡質的過往腐熟爛盡，成爲我們對歷史、對人性的傷痛記憶，然後這些惡質的事務才會死亡，我們在永恆救贖的過程中，才會又多了向上攀登的機緣！

死亡天使錯誤災難

時代正在進步中，以往受到欺凌、受到毀損的，都愈來愈快的就會獲得淸償，而那曾欺凌人的，也都很快的就會無所遮掩的呈現出他積欠的帳目，以往需要好幾個世紀才會突顯的「公平」與「正義」，現在已加快了步伐。歷史是可堪依賴的。對往後所有的統治者，或許當他們能懾於這種歷史的公道時，或許才會多付出仁愛與慈悲！

此刻紀念「西安事變」，我們對張學良將軍充滿關懷，「夠了吧！」，現在應該是當道者們給予這位八十七壽的老人最後的自由與溫暖的時候了！

「世界人權宣言」四十周年的感想

近代最主要神學家之一的梅茲（Johann-Baptist-Metz）曾有過這麼一段動人肺腑的話語：

——「至少有一個權威，我們永遠不能拒絕，永遠不能鄙視，那就是受苦的權威。」

「受苦的歷史沒有目標，但它卻有未來。受苦的歷史不是目的論，然而，它的軌跡卻給了我們可以企望的歷史延續性。歷史的主要動力，由受苦的記憶組成，它是未來自由的否定性意識，也是一種誘因，使我們得以在自由的架構下克服受苦。因此，自由的歷史，僅僅當它也是受苦的歷史時，才有可能。」

人權宣言重要價值

一九八八年十二月的第十天，是「世界人權宣言」的四十周年紀念日。一九四八年的這一天，這個象徵了人類歷史上巨大進步的宣言正式通過。「世界人權宣言」並非強制性的律法，而僅是寓示性的宣告，它不能去主動的改變世界，然而沒有了它，世界卻不會去主動改變。「世界人權宣言」揭櫫了「免於恐懼的自由」和「免於匱乏的自由」，它是一種召喚，也第一次給受苦者戴上了應有的冠冕。「自由的歷史，僅僅當它也是受苦的歷史時，才有可能」，「世界人權宣言」爲人類作的提示是：受苦的歷史總有克服的一日，到了那一天，自由的歷史也將相隨而至！

在第二次世界大戰之前，人權問題很少受到各國的重視，而國際法也僅管轄國與國的關係，它並不及於人這個「個體」。然而，「世界人權宣言」卻對這些侷限作了革命性的改變。從此以後，不但「人權」有了寬闊的，足以讓各國人民奮鬪十代或百代始克企及的定義，更重要的是，它使人權成了國際社會中應予共同保護捍衛的權利。儘管國際關係上被列爲重要項目之一的人權，經常會在強權政治中被掩蓋，例如一九七五年美蘇「赫爾辛基協定」的簽訂，劃分勢力範圍，使得蘇聯及東歐的異議人士遭到大舉被捕和被迫害的命運。然而，在全球人道主義以及人權工作者鍥而不捨的持續努力下，全球人權情況畢竟仍然作出了極大的改善。以往，種族滅絕、濫殺濫捕、以及諸如生存權和社會權被大規模侵害之事均平常可見，人們亦默而視之。但到現在，這種情況業已丕變，任何人權的侵害均足以釀成國際社會的嚴重關切，以及本國人民的憤慨。人權被推上公共論壇，它使不仁的統治者知所羞愧，也使其他強勢的支配者知所收斂。而無論羞愧或收斂，都是一種可能性——一種人權終必獲得勝利的可能性。

持久不停關懷付出

在紀念「世界人權宣言」四十周年的此刻，我們勢必需要對全球四十年來默默耕耘的人權關心者及人權工作者表示最大的敬意與謝意。因爲人權的關心與努力，不需慷慨赴死的勇氣，不需強健的體魄，它需要的毋寧是一種更爲罕見的、持久不懈的關懷與付出。國際社會目前已有一千多個人權團體默默工作，其中最主要的乃是「國際特赦組織」，它以鐵絲網圍繞的燭火爲標幟，寓意「與其咀咒黑暗，何若點燃一支蠟燭」。講到「國際特赦組織」，又是另一個感人至深的故事。目前它也有了二十七年的生命。

一九六〇年十一月，一位英國律師本尼生（Peter Bennson）閱報，兩名葡萄牙學生只不過爲自由而乾杯的動作，卽各被判七年徒刑，人類難道眞的這麼絕望無助？難道不能用最溫和的抗議方式，以抗議函向葡萄牙獨裁者撒拉沙轟炸嗎？一九六一年五月二十八日，他在倫敦《觀察家報》撰文〈被遺忘的罪犯〉，關心者的函件如雪片飛至，於是「國際特赦組織」形成。這個組織只將它關心的對象限定在良心犯等範圍內，然而它持續不懈的努力，卻對世界的民主與和平作出了傑出的貢獻，並獲得一九七七年諾貝爾和平獎。這個組織揭示了一點：人權並非遙遠的、抽象的、渺不可及的事務，相反的卻是人人可關心的事務。只要肯關心，就會有可能！

在紀念「世界人權宣言」四十周年的此刻，若我們回首過去四十年臺灣的人權發展，即不禁感慨繫之。作爲人權後進地區的臺灣，由於人權發展通常平行於政治民主化之本質，在政治民主均難指望的過去，人權的概況自然更成爲奢望。在過去的四十年裏，我們國家的人權侵害，充滿著無所忌憚，赤裸裸助暴虐案例。在政治性迫害方面、「孫立人案」、「雷震案」、「張學良案」，以迄於「余登發案」、「美麗島案」等固皆人人耳熟能詳，其他難以盡數的寃假錯案更屬罄竹難書；除了這些政治性違逆人權之案例外，其他諸如生存權、社會權、罷工權、人身自由及保護權，由於缺乏了政治民主這根最大的支柱，自然都不可能尋得棲息的空間。由於政治民主的無法達成，與人權攸關的法律體系自然亦無由建立。

民主政治未曾落實

我們有動輒將人深羅周織的「懲治叛亂條例」；有隨情治機關之意興而任意剝奪人們自由及生存權的「檢肅流氓條例」；其他稅法或行政法也因法律救濟孔道的缺乏而成了侵害人權的源頭；再加上政治民主文化的未曾落實，人民慣以爲常的官尊民卑觀念，亦復使人權侵害蔓延。人權乃是細密的安全網，它必然需以基本的政治民主架構爲其主要的經緯線，否則便難企求人權成爲一個保障人們尊嚴的體制，基於此，以往的我們，嚴格而言，只能稱爲「前人權時期」。

然而，不容否認的是，近年來，由於強人政治的漸趨結束，政治民主的逐漸演進，以往被政治、被法律、被習慣等所侵害的人權問題遂均漸次浮顯。人權原本即是一個寬度大、層次多的事務，而它的根本乃是人們作爲自由人及一個有尊嚴的人之基本願望，現在，這種願望已被廣泛的表現了出來。「翻案」是一種表達方式，各式各樣有關人身自由、生存權、社會權等的抗爭也是一種表達方式。人們正在努力的將昔日導致受苦的因素抹除。也正因此，在最近這段期間，才造成了我們人權的巨大進步。

在現在這個紀念「世界人權宣言」四十周年的前夕，回顧既往，翹首前瞻，我們早已遠離了那種罪惡與殘酷乃是不可獲救的寒冷時刻，現在已到了我們在人權事務上已有可爲的時刻，如何使我們社會從政治、法制、習慣上一一重建，使其成爲一個保障人權綿密如網的新體制，理應已到了時辰。

而它的第一步，乃是讓我們一齊來關心人權！

「政治考古」的救贖功能

最近，爲孫立人將軍請命的新聞報導多如雨後春筍，政治的考古蔚爲風潮。孫立人案查考所及，被掩埋三十餘年的許多不當政治權術被翻了出來，許多受到委屈的人已不再怯於躲藏自己。除了孫立人案之外，考古之風也吹到張學良案、江南案，蔣氏家族可能涉及彰濱工業區貪瀆案，……。這是個新的考古的年代，也是個新的批判底年代！

舊聞考古顯示眞理

新聞文化界改行成了「舊聞」「考古」，有些人認爲這是向後看，而不是向前看；有些人則擔心這種「舊聞」「考古」風習所及，將顚覆掉以往的政治與社會權威。

事實上，四十年來的臺灣新聞文化界，這是第一次爲社會的進步扮演起積極的角色。

因爲，只有透過「舊聞」「考古」，我們才能使殘存社會及體制上的不良遺傳「疽化」（Mortified），讓它腐熟爛盡，並由它腐熟爛盡的過程，使一些更有意義的眞理顯示出來，從而使我們得到更進一步的「救贖」（Redemption）。因此，「舊聞」「考古」有著獨特的歷史意義——「救贖意義」（Redemptive significance）。

近代西方主要思想家之一，以論人類的「救贖」而聞名的班傑明（Walter Benjamin）曾經說過：「歷史學家，只有他深深的相信，縱使一個人能在活著的時候打敗他的敵人，但他死後也難安穩，他的已死的敵人仍有可能獲得勝利，這樣的歷史學家才具有吹起希望火花的才能。」不多不少，臺灣新聞文化界致力於「舊聞」「考古」，它扮演的正是這樣的角色。

人類的歷史，絕非某些心思單純的進化論者所相信的那種平坦的、漸趨進步的發展過程，人類的歷史其實是災難綿延災難，廢墟重疊廢墟而形成的。

然而，作爲人而存在的我們卻不能也不甘於淪爲廢墟，人虔信著彌賽亞的信息以及自我救贖的可能，因此我們才不斷的進行批判，使不堪的歷史內容腐爛，成爲我們傷痛的記憶，然後我們才有可能「揚棄」與「超越」，直到那終極的日子到來，由天堂所吹來的風將我們包裹，帶領我們超昇。這種批判、揚棄、超越的過程，才是歷史的本象，也是人還值得留存的唯一前提。

臺灣目前吹起的「舊聞」「考古」風潮，從歷史發展的角度而言，它正在「痘化」我們傳統以及現實政治中的兩種惡質遺傳：

這種災難不能再現

㈠「主子——家臣制」的「家族政治」：以往在我們的社會裏，這種具有至高權力的「家族政治」主宰了一切政治、經濟、文化，甚至於人身自由。孫立人案也罷，張學良案也罷，都是作爲災難而存在的見證。現在，這些見證由幽暗裏復現，對所有的我們，這是一種靈魂的清洗，使我們在默默的洗禮中許下這樣的諾言：「我們不能也不會讓這種災難再現！」

㈡陰暗的「政治權術」：以往的中國，有著獨特的專制制度與運作方式，我們反覆著這樣的制度與方式，我們有過改朝換代，但我們卻從未從這種黑暗之中超昇，現在，藉著孫立人案，暴露了諸如毛人鳳當年如何設局坑陷郭廷亮的黑暗；藉著江南案，再深一層的暴露了統治者與黑社會掛勾的現象。這些令人心慄的事實，我們可以予以嫌惡，但嫌惡是不夠的，重要的是清洗與自我清洗。也使我們在默然的洗禮中許下這樣的諾言：「我們不能也不會讓這種災難再現！」

信心鼓漲更加樂觀

然而，使歷史的災難及廢墟「疽化」，並不是反叛或簡單的翻案，而是要使歷史從「疽化」中顯示它的眞理，這一陣子的「考古」，它的眞理業已實質的顯露了出來：那就是，民主的制度才是可貴的，只有民主的制度才能將我們從古老的廢墟裏釋放；權力，尤其是絕對的權力，它必然造成絕對的貪欲與濫用，只有被制度節制了的權力，才能使人們從權力的枷鎖中獲得救贖。

歷史的眞象是難明的，統治者可以用自己的權力來編織歷史，然而，現世的勝利並不意味著未來的勝利，對統治者而言，當面對蒼茫的未來，對自己和對他人多一點敬虔，寬恕與憂懼或許才是自我救贖的不二法門！

前引的班傑明指出過，人類的進步乃是這樣的一個階段、一個階段的揚棄而來的，這就是進步與救贖。它必須人民對歷史的「明天會更好」有足夠的信心，它必須一步步瓦解迫害的傳統，讓人性在這裏發光，點燃起人們救贖與自我救贖的希望。從這樣的角度來回顧過去一年多臺灣的整個演變，我們遂變得更加樂觀，我們的信心也如鼓漲的春帆，臺灣肯定的會變得更好。

在過去的這一年多裏，由於人民的期待與實踐，臺灣經歷了中國人歷史上得未曾見的變局。各項禁制被解除，社會的活力獲得釋放。

重新反省知性過程

現在，更一步步的，具有救贖意義的批判與考古產生了，它的確切意義是，這乃是一個更深刻化的反省與揚棄過程，它不是狂飆似的羣眾運動，而是一個知性的重新反省；它對死者誠然有所批判，但卻對生者有更多關心。它並不意味著是對蔣介石或蔣經國的全盤否定，毋寧只是對該「疽化」的部份予以「疽化」。它是歷史記憶的重新塑造，以及集體救贖的尋找。這是個新的進程，我們已逐漸將反省的層次升到了歷史、倫理以及神學的範圍。我們無論在政治、社會以及生活的信念上，都即將由以前的那個層次，超昇到一個更新、更自由、更民主、更有人味的階段！

也正因此，在這個新的篇章欲揭而未揭的此刻，我們認爲，當權者也到了正確面對這些「疸化」的歷史內容的時刻。這些問題是不可能逃避的，正確的面對才可能促成「理解」與「和解」。

往後，由於民主時代的到來，「完美」的神話已告崩解，蔣介石不會再成爲神，蔣經國也必須從神位上被拉向人間，他們都將像普通人一樣的被品評、被敬佩、或者被感念。他們的錯誤也將會被表記、或者被寬恕。

在這個歷史的前頁即將被揭過，新頁即將被翻開的時刻，對於那些仍不想公布監察院有關孫立人案調查報告的人，孫立人將軍那句「我不要自由，請還我淸白」話語裏所包含的千言萬語無足表述的老人傷痛，或許有助於他們的改變主張；而更重要的是，我們盼望他們正確的來對待這些歷史，讓我們在寬恕中共同走向更好的明天！完成我們集體的救贖吧！

「反帝」意識型態的黃昏

「中國的沙卡諾夫」方勵之教授夫婦，在「天安門事件」之後避難美國駐北京大使館；除了方勵之教授夫婦之外，學運許多重要成員也都在使館區躲藏。外國駐北京大使館庇護中國的反抗者，證諸中國近代歷史的發展，實在是巨大的反諷。

首先就主權觀念而論，美國駐北京大使館收容了方勵之夫婦等，豈止是「干涉內政」，而且可說是明目張膽的「干涉內政」。然而，對於這些曾被毛澤東指爲「紙老虎」的「帝國主義者」，它們這次干涉中國內政，卻反諷的都成了具有「正當性」的作爲，中國人民曾經爲了民族尊嚴而犧牲了千千萬萬，而到了即將進入九〇年代的此刻，「帝國主義者」卻在中國的精神戰場上取得了鉅大的勝利，這種歷史情境的出現，豈僅是中共的悲哀，更是中國人民的悲哀——當一個政權以槍砲對準它的人民時，它其實已爲自己國家的「再度被殖民化」埋下了種子！

這就是歷史的反諷——一個以「反帝」起來，一度甚至成爲世界「反帝」同盟盟主的中共，當它一再的墜落，甚至以虛幻的「反帝」從事權力的整肅與爭奪，這時候，它所鼓吹的民族尊嚴已被自己踐踏，具有兩面性的民族主義，它那「剝削性」的一面遂告顯露。中共被他國義正辭嚴的「干涉內政」，正是它應得的報償。

近代中國，由於國家後進，而被列強的「砲艦政策」叩關，於是，中國人民的「反帝」及「民族主義」熱情開始出現，有關這個問題，孫中山先生在申論民族主義時，曾對它的建設性多所發抒，近代西方及第三世界論及民族主義，並編撰民族主義經典文獻時，孫中山先生的名字及文章必不被遺漏。

孫中山先生的「反帝」及「民族主義」，稍後被國民黨繼承，民族主義「剝削性」的一面開始出現——民族主義乃是公正對待自己同胞以團結對外的主張，任何高唱民族主義的政權，當它只是把民族主義工具化，它其實已從民族主義的立場上退卻。中共自國民黨手中搶到了「反帝」及「民族主義」的標籤，四〇年代末期，中共以「反帝」和「民族主義」在中國召喚了那一代最傑出的菁英及農工大眾，它取得了勝利。以後的中共，則是一個愈來愈從民族主義陣線上退卻下來的墜落過程。

從一九五〇年代以迄七〇年代底，設若我們翻閱中共的歷史，即可發現到，它將義和團的「排外思想」與「反帝」作了結合，固然我們不能認爲它一切的「反帝」均屬無稽——例如，它反對美國介入越戰卽吻合了全世界的共同人心需要——但更多的情況是，它將「帝國主義」符號化，卻不給予定義，「帝國主義」就是壞的東西，「帝國主義」開始成爲意義浮動的「帽子」，看著那個頭適合，就將它送上。從「三面紅旗」、「大躍進」，以迄「文革」、「反帝」遂成了不具外在意義，只有權力鬪爭意義的標籤。從劉少奇以降，那個被整肅掉的沒有被戴過「帝國主義走狗」的帽子？「帝國主義」的任意性逐漸蛀蝕了它原本的定義；人民三不五時就被征召，從事「反帝大遊行」等動員，「反帝」反過來成了可厭的事務。中共已漸漸的被自己的作爲侵壞，而這也正是一切集權國家必然會噬到的惡果——當它把一切知識口號化與工具化，結果不但不會是該口號的強化，反而會適得其反的弱化，這正如同「三民主義統一中國」的口號叫久了，它印證的反而會是人們對三民主義統一中國失去了興味！

這就是中共的自食惡果，它高呼了四十年「反帝」的口號，四十年不斷的爲「反帝」而動員，而忽然又要進行「四個現代化」、「美帝」竟然又成了「最好的朋友」。變幻莫測的政治權術，大起大落的政治鬪爭，中國人民目迷眼花之餘，開始成了虛無不幸的一代，它的土壤乃中共自己所造就！

而現在，卻是他用槍砲對準了自己的人民，國家的主權繫於人民的支持，一個不畏咀咒，而將槍桿伸向人民的政權，它其實已經難以引用主權爲自己辯護，這也就是中共爲方勵之案色厲內荏的緣由。

若就事理而論，美國駐北京大使館近年來刻意爲方氏製造聲望，現在更予收容避難，若干年後，此舉必將受人非議，這個問題可以留待史家驗證。我們應當關心的，毋寧是這種反諷式歷史情境之所以出現的道理——「物必自腐而後蟲生」，中共的墜落成一個暴力集團，乃是一切糾葛眞正源頭！

「反帝」曾經是世界最主要的信念系統之一，在某些國家迄今仍熠熠生輝，而在中國，它卻成了黃昏狀態的意識型態，這個轉折之間所留下的空白，恐怕才是中國人的思考空間吧！

龍的傳人真不漂亮

曾經以一首「龍的傳人」振奮了所有華裔子孫的民族熱情，曾經以一首「漂亮的中國人」鼓舞了天安門廣場前的大陸學生；但「六四事件」後卻又到北京「某外國機構」避難的名歌手侯德健終於露面了，不幸的是，他的露面卻是一次使人震驚、羞辱、不如不露面的失敗！

自我背叛出賣靈魂

因爲，侯德健的露面，乃是爲中共並未殺人的謊言作辯解的樣板，或許，侯德健有他的痛苦與無奈，但僅此一椿，他其實就已進入了永遠不可能獲得拯救的黑暗之中——侯德健再也不堪信賴，因爲他已用自己的雙手抹黑了自己，他出賣了自己的靈魂！

因此，我們爲侯德健悲哀——悲哀他的自我背叛，悲哀他那過份的聰明，尤其悲哀的是他的沒有「反抗倫理」！而這不僅是侯德健個人的悲哀，其實也是普遍中國人的惡質遺傳！也正基於此，在我們爲侯德健悲哀的時刻，我們也爲中國人的缺乏一貫的「反抗倫理」感到同樣的悲哀。

中國從來就是一個落後、專制而多災多難的大地，因此，中國人必須反抗。不幸的卻是中國人總是太過聰明——中國人擅於看風向，中國人喜歡被人贊揚，於是，中國人的反抗遂成了失去「主體性」的反抗，一種最嚴肅的「反抗倫理」自然不可能進入中國人的胸臆之中，於是，侯德健這樣的「典型」開始出現，他們的沒有「反抗倫理」必將在某一時刻爆發成自我荒謬，自我欺騙的「穿梆」，而現在正是侯德健的「穿梆」。

失去反抗未盡眞誠

所謂「反抗」，它與「革命」的意義全然不同。「反抗」乃是激烈的改良，一個眞誠的反抗者，必然是個對自己有寄望，對自己肯負責，從而也能對社會負責的人。眞誠的反抗者由於對自己有寄望，必然不可能成爲狂熱的犧牲主義者，一個肯自我負責的人也必然不會去裏脅他人犧牲。

眞誠的「反抗倫理」是，由共同生活的人羣，基於共同的利益與安危而從事的負責任反抗，他們不以外界的風向爲風向，而要自己決定風向；眞誠的反抗者如獅如鴿、如虎如兔，但從不錯亂了自己的目標。近代最傑出的眞誠反抗者以波蘭的米齊尼克（Adam Michnik）爲典型——他拼著自己坐牢，卻絕不傷及羣眾；波蘭共黨寧願讓他移民以求清靜，他認爲這是人格的侮辱；美國人七嘴八舌獻策，他叫他們少多嘴。他愼謀、遠慮、勇敢、慓悍，他和同志們爲波蘭創造出了舉世視爲奇蹟的波蘭民主道路。

眞誠的反抗者不追求死亡，因爲死亡意味著「自己定義自己的不可能」，眞誠的反抗者追求的是百折不撓的成功！在古典的歐洲，處處都是這樣的反抗者，這乃是歐洲宏大格局的始端。

然而，侯德健又如何呢？

——他爲了追求「龍的認同」而向中國大陸回歸，但卻又對中國大陸不滿，自我矛盾之一。

——他在大陸學潮後期介入，以歌聲鼓舞學子，但到最後關頭卻又走避，他將如何去面對那些喪身槍下輪下的青年？自我矛盾之二。

——「六四」之後，他又走避「外國機構」，他將如何面對「龍的傳人」的自己？自我矛盾之三。

——而現在，他卻又爲中共的謊言辯解，啊！他將如何去面對自己一切的過去？自我矛盾之四。

倒退否定毫無尊嚴

這就是侯德健！一個今天的我否定了昨天的我的侯德健——而這種自我否定不是進步的否定，卻是倒退的否定；在侯德健身上，我們搔盡了白髮也尋找不到「意義」。在侯德健身上，我們所看到的，只是中國人的那種小奸小壞——當鎂光燈照向那裏，他們就走向那裏；螢光幕是他們的舞臺，羣眾只是他們的道具。「六三」深夜，侯德健在天安門廣場前噙淚唱著「漂亮的中國人」時，我們才恍然大悟，他心中的中國人其實並不漂亮，只有在鎂光燈對著的他才是「漂亮的中國人」！而事實證明，他也不怎麼漂亮，因爲當那些聽他的歌聲的人正在流血奔逃時，他已進了「外國機構」！一般的凡夫俗子都知道一個最起碼的道理：不怕死的就提著腦袋搞革命：不怕坐牢的就去搞反抗；如果什麼都怕，那就去乖乖的作順民。但由侯德健，我們所看到的卻是那種聰明至極，每一種好處都要，但每種責任卻都拒絕的標準知識分子！

失格中國令人神傷

近年來，全世界的不民主國家，人民的反抗都蔚爲巨潮，但縱目所及，各個國家的反抗卻都格局不同，東歐及蘇聯的「反抗倫理」舉世推崇，他們必然的能走出自己的道路；而像阿拉伯人及南非的黑人，他們的反抗亦不稍遜，他們無論流血流淚，都洋溢著人性的尊貴；卽使像北愛爾蘭以及巴斯克人的分離運動，也都意氣凜然，可以不接受，但卻不能不尊敬。獨獨在古老的中國，卻是一片死寂絕望之地，統治者不像個統治者，反抗者也是個不够格的反抗者——難道這將是中國的終極命運，在集體墜落中，爆發爲烈焰飛燎的地獄？

對於侯德健這種失敗的露面，我們爲中國的前途益發的感到悲哀與傷痛起來。侯德健具體化了大陸知識分子的「聰明」及失去了「反抗倫理」，我們究竟什麼時候才能看到一種有格局，有主體性的中國民主反抗運動在古老的中國出現！

「李遠哲現象」的詮釋

一九八七年十一月十七日，諾貝爾化學獎得主和臺灣大學的學生們作了一場精采的對話。過程中，學生們用許多已「預知答案」的問題「考問」李遠哲，李遠哲也許多次坦率的指出：「你問的問題，其實你自己都有答案了，只是想藉我的口說而已。」

遠哲講話分貝較大

如果我們只看問題的表面，可能會覺得學生們「狡猾」：他們要向校方及教育主管單位爭取權益，但因學生人微言輕、同樣的話，由學生之口說出，就沒有分量；於是，學生們就只得逼問李遠哲，希望用他的口說出。原因是，李遠哲講的話「分貝」大，有影響力，會造成公眾話題，會成爲政策。

這個問題其實還可以追究下去——為甚麼同樣的話，由學生之口說出就沒有影響力？為甚麼一定要由李遠哲的口中說出才會有影響力？關於臺灣的校園事務，若就代表性而論，當然學生最有發言資格，但人們為何寧願相信李遠哲而不相信學生？

追究到這個層次，眞實的問題已經顯示了出來。它的核心乃是「權力」。

在人的世界上，存在著一種網狀的權力關係，這種權力關係表現在正式的階層關係，以及非正式的社會人際關係裏。人們被這種權力關係所包裹，從意識到潛意識都受到影響，受到權力關係的汚染。於是，我們思考問題、對待別人，都被框限且臣服在這種權力關係之中。在學理上，這種「思考」乃是「體制化的思考」(institutionlized thought)。當人們在作「體制化的思考」時，他失去了自由，也剝奪了別人的自由。

階層宰制發言力量

以當前臺灣的校園改革為例，作為校園主體的學生，理論上應當是校園改革的重心。然而，校園本身就是個複雜的權力關係體系，這個權力關係體系又和外界的權力關係體系相連，學生在這個體系裏屬於最下層，最缺乏權力，對於「體制化的思考」的人，他不會聽取沒有權力的人的意見，從他的潛意識裏，一開始他就剝奪了沒有權力的人的自由。「體制化的思考」乃是「預存立場」的思考，它已假設了權威，其實權威的背面乃是權力。同樣的話，學生說了沒有用，李遠哲說了則有用，理由無它，諾貝爾獎所反映的權力關係而已。畢竟，在我們的世界裏，知識領域本身卽是一個階層關係，諾貝爾獎乃是這種階層權力關係的上層，它對人們具有無比的宰制力量。

因此，當學生們主張教官退出校園而不獲重視，李遠哲作同樣的主張卻大受重視，它反映出來的意義乃是人們的不能就事論事，而只一時跟隨權力關係的本質。由於這種本質，我們遂無自覺的剝奪了學生的自由。

一個眞正自由的社會，乃是人們相互尊重，在「權力地位」上平等的社會。對於校園改革，無論發言者是「學生」或「李遠哲」，先將他的身分放在「括弧」內，只聽發言的內容，而不必看發言者的身分，自己的自由以及對待別人的自由才可能發生。

體制化思考成爲霸權

除了「李遠哲現象」顯示出的權力關係以及「體制化的思考」之外，我們再進一步追究，或許將會發現到，「權力」以及「體制化的思考」乃無所不在的社會本質。以抽象層次較高的學術界而論，一組思想，本質上亦是一組權力關係，它造成了一組遊戲規則，並發展出一組特定的社會關係。當它取得了宰制性的地位，它就成爲「霸權」（Hegemony）或者稱之爲「典範」（Paradigm）。這一組事務，也是一種「體制」，它的成員也就有了「體制化的思考」——排拒體制以外的思想方式，排拒這個體制中權力關係位置較低者的思想，其情況和「李遠哲現象」所顯示的如出一轍。

至於現實政治中的「權力」與「體制化的思考」，在我們的經驗中更俯拾皆是。現實政治的權力階層關係決定了一切，它形成了一種體制，產生「體制化的思考」，它排拒一切會影響到它的權力之事務。

「權力」、「體制」、「體制化的思考」無所不在，然而社會永遠在變化之中，沒有永久不變的「權力」，也沒有永久持續的「體制」。這就是歷史，歷史永遠向那些不甘於被宰制而追求自由的人開放。

澈悟體制才能自由

由「李遠哲現象」所顯示的意義，以及相關的詮釋分析，或許我們可以理解到：

㈠人類的歷史乃是一個走向「自由」的永恒過程。

㈡從「權力」、「體制」、「體制化的思考」等角度切入，來觀照這個世界，便可以看出世界的秩序有著極大的欺妄性，當人們能洞察這種欺妄性，眞正的個人才會產生。這樣的個人才是具有實踐的能力，具有主體自覺的個人。

㈢當人們洞察了體制的欺妄本質，也才可能對人類產生悲憫，從而萌發出實踐的道德決心。

人生而「自由」，這種「自由」並不是概念上的，當作武器使用的「自由」，而是對人類的權力本質有了解，對體制的結構有澈悟的眞實「自由」。近年來，臺灣民氣鼎沛，人人爭先，但願「寧爲自由人，不作權力奴」的那一天，早早來臨！

讓臺灣的語言文明更多彩多姿

語言不僅是溝通的媒介，也是一種文明累積的藝術符號，但作爲受造物之一的語言，它同時也是阻斷人際關係的鴻溝，到了現在，應該已到了我們重新反省語言政策，讓臺灣的語言文明更加豐富的時候了。

重新反思語言文化

因此，對於臺北市金華國小首創閩南語童謠班的創舉，我們表示欣慰，並期望其他小學和中學追隨於後，繼續光大；而對於官方，我們則期望能重新反思我們語言文化的各個環節，爲臺灣語言的多元化重建規制；而對於有志光大閩南語的人士，我們則有更深刻的盼望，希望能在有心人的努力下，將業已粗俗化的閩南語重作提昇，並以同樣的態度，致力於其他閩南語文化的重建。

眾所周知，臺灣的閩南語和其他方言，在以往一元化的語言政策下，都是弱勢族羣。作爲弱勢語言族羣之一的閩南語，一方面來自政策的差別待遇，另方面則是邊陲化之後經常必然的品質日益降低及粗糙，於是，閩南語遂被型塑成爲一種「劣等語言」，這種語言的衰退，我們由插科打諢，品質低劣的閩南語電視連續劇裏可以得到最佳的印證。閩南語及其他方言，成了一種部分學生會產生恥感的語言。

由語言的演化程序可知，當一種語言廣泛使用，且使用該語言者的社會階層日益提昇，此項語言即會日益複雜而精緻。牛津腔的英語雖然已高貴得略嫌做作，但字正腔圓，韻律跌宕，最適宜朗誦英詩。中國人的普通話，到了百年古都的北京，由於官僚精英階層的廣泛使用及分化，其唇型舌動即趨繁複，摩擦等不諧音即趨減少。同一種語言若被邊陲化，它不會被用於公共及文化問題之上，而祇用於俗民的生活上，這樣的語言即缺乏了成長的土壤，而會日趨庸俗，細膩的字辭及結構停止生長，唇舌的律動亦趨滯緩。

語言多元豐富文化

也正因語言，甚至其他文化的符號均有著這樣的內在邏輯，因此，我們主張，對於一切語言及文化事務，均應給予同等的尊重與涵容，這種尊重與涵容其實與政治毫無關連，因爲，祇有文化的多元且複雜精緻，未來整體的文化成長才會有更好的準備。

語言的多元對文化的豐富，我們可以由歐洲看到最成功的範例。多元的語言政策，使得歐洲中產者幾乎均能通達數種不同的語言，不僅溝通無阻礙，整個歐洲的文明也更趨繁複豐富。

即使僅就最功利的一點而言，它就爲一九九二年的大合一奠下了基礎，而語言的無阻礙，同時也是人的流動性增加的原因；更不必說它們相互豐富的其他文化內容了。

語言的多元豐富，我們近則可由相鄰不遠的香港看到成功的範例。英文及漢文爲官定語文，而英語、粵語、滬語、普通話則並行無礙。它的電視廣播各有專臺，語言多元，非僅無礙於人的溝通，反而加大了香港人人力資本的可流動性。港人國際化程度優於臺灣甚多，不正與語言的多元相關？

而尤堪稱述者，乃是粵語並沒有閩南語這樣的不幸。與閩南語同樣古老而豐富的語言，由於少受打壓，反而得力於香港地位的上昇而日益繁複豐富。梅艷芳「胭脂扣」裏的獨唱源於中國古代詩詞的廣東大戲，纏綿悱惻，這是老粵語，而新粵語更隨著戰後香港的繁榮而成爲細緻的語言。

語言政策未見反省

相比而言，閩南語則不幸太多。在臺灣，一則爲日據打壓，再受當今政府語言政策的差別待遇，代表中原古語之一的閩南語及其相關的文化形式如歌仔戲等遂受挫抑，而它在中國大陸亦未見境遇更佳，它們的官定語言政策，以及對傳統藝術的否定，也同樣使閩南語的成長土壤趨向貧瘠。

面對這樣的處境，閩南語及相關文化形成的復興及豐富，如果我們祇是站在「反彈」的觀點來看待，那就可能偏歪了重心。臺灣的閩南語重建，其實還有著另外一些深遠的意義，它可以使臺灣語言豐富，此其一；另外它尚可牽帶出大陸閩南語的演進，而豐富中國的文化內容。

不僅對語言，我們作如是觀，對於歌仔戲，以及其他文化形式，我們也同樣的看待。

從今年以來，我們欣見臺灣民間對語言、文化，以至於其他事務都開始出現自覺，各地相關的文化基金會相繼成立，歌仔戲研究會也告成立，而相對應的，則是我們官方在這些問題上卻始終瞠目落後，多元化的語言政策始終未見反省。

基於文化和語言的持續，我們並無意否定國語的正當性，但卻主張其他語言也同樣的合法並應給予豐富發展的機會，它應列入教學範圍，不僅如此，我們甚至認爲，目前臺灣三個電視臺均應拆散重組，改變爲英語臺、國語臺、閩南語閩以及其他地區臺，如客家語臺等。每當我們看到三臺惡質且打諢插科，作賤國民心智，甚至於作賤各種語言的節目，我們都會興起它們究竟是在增長文化或摧毀文化的質疑！

語言是符號，它是溝通媒介，也是表述思想與藝術的事務，它會凝結成一種文化型態的核心，所有的這些問題，或許已到了我們重新思考的時候了！

看林賢順叛逃案的新聞報導

第二次世界大戰結束，英國百萬戰士解甲返鄉，安置爲難，內閣集會研商，無計可施。一名閣員忽然說：「幸好我們有《每日鏡報》」，他的話有如春風拂過會場，人人落下心頭大石。英國閣員們都了解到，當時第一大報的《每日鏡報》會自動的從事社會控制的角色，他們當然可以高枕無憂。

如此客觀隱型暴力

大眾媒體的社會控制功能，乃是一個近代「體制分析」經常被注意到的現象。大眾媒體在社會上乃是一個「體制」，它們會根據自己的利益、需要，而揉捏新聞事件、審判新聞事件，許多聲稱「客觀公正」的報紙，它們在敍述事件時，所使用的語言、敍述的方式，其實都在僞裝下預存了許許多多偏見，也潛藏著許許多多「隱型的暴力」，而其終極目的則是社會控制——所有的新聞事件，在經過大眾傳播媒體這個「體制」的模型之後，即被這個模型所定義；經過回饋，而成爲有利於社會控制的輸入信息。

林賢順中校的叛逃事件，我們的大眾傳播媒體，再一次成功的扮演了社會控制的角色，大眾傳播媒體有效的操作這則新聞，用以強化忠奸之辨；它們爲了「合理的」「解釋」這個事件，不惜以各種濫情的辭句或者純然揣測的理由套向林賢順及其家人。它們是在塑造一種肅殺的氣氛，使其他人懍於這種肅殺的氣氛而沉靜。林賢順中校的叛逃，乃是不智與不值之行爲，而他卻做了這個可能是一生中最錯誤，但卻是最重大的選擇，其內心必有巨大的天人交戰，它的原因必不可能單純，也必不可能只源於他個人或家庭的因素，而我們的新聞界卻絲毫不去理解這些因素，而將一切錯誤歸咎於林賢順本人，甚至其妻子，而將可能更重要的軍方責任卸除。設若這種報導也堪稱「客觀」，那麼，人世間便再也沒有「主觀」了！

排他策略陷人不賢

有關林賢順之叛逃，軍方自始即因意圖卸責而有所隱瞞，甚至公布可信度堪疑之林氏致其妻書。軍方不敢面對現實，過分自衛的將一切責任都推給林賢順及其家人。這乃是一種本能防衛，作爲發掘眞實的新聞界，自應詳加追索，將更接近眞實的原因找出，才會有利於類似事件之根絕。然而，我們的新聞界卻不如此，它們有著它們的另一種本能反應：

㈠新聞界和軍方，本質上同屬「漢賊不兩立」這種文化下的產物，對於叛逃者，自然基於恨之欲其死的心情，將一切最主要的原因都歸咎於彼，於是，林賢順「家庭不和」、「心胸不够開朗」、「身體不够健康」等不够充分的理由盡皆出籠。可以肯定的是，這絕對不會是眞實的理由，而只是「事後先見之明」的強加套用。至於有一個報紙竟有「觀乎林賢順到了大陸之後，一直面色凝重，訥訥寡言，可見其內心已感覺自己行爲的錯誤，但已悔之晚矣」之論，其不知所云更爲明矣！

㈡在人類習慣性的行爲模式中，當敵我突然分別，均必然立即展開本能性的「排他策略」，將一切不利因素推向「敵」及接近「敵」之一方。林賢順叛逃成功，他即成「敵」，自然一切罪惡的必被歸於他及他的家人。對於許多媒體以大量猜測性的文字，「報導」林賢順及其妻不睦之事，我們認爲，這對林賢順之妻乃是極大的殘忍。林妻家遭巨變，已極不幸，而今卻揹上另一個隱含性的「因爲妻不賢，致使夫叛逃」的道德罪名，此實已構成最惡質的「落井下石」。猶憶稍早前華航貨機機長王錫爵駕機叛逃，我們的新聞界即大力渲染其家庭不睦，華航當局甚至並唆使王錫爵子女召開記者會，發表種種大義滅親之談話。趁他人天倫慘變之際而更加落井下石，我們的新聞界何其殘酷！

殘酷體制無人豁免

我們的新聞界確實是殘酷的，這並非個別記者的愚蠢或殘酷，而是整個新聞體制的殘酷。作爲社會控制媒介的新聞界，一有中共戰機投誠，個個被形容爲偉大的「義士」，一有飛機跑過去，必被醜化爲家庭失和、積欠賭債、或者升官無望而洩忿、健康不佳等。我們新聞界在這種積之已久的習慣性反應之下，對待此類問題已有模式可循，而其最根本的一點是，這乃是一種社會控制的機能，它等於告訴人們：壞人才會叛逃，叛逃者的家人也會受到道德上的譴責！這種模式反應，反而將可能是最重要的軍中體制的問題完全豁免。

由臺灣新聞界的表現，我們反倒覺得，林賢順在廣州召開記者會，他滿嘴「統戰八股」固然使人生厭，但每當記者問及家人及其他私人問題，他均予「保留」，並表示不願談「隱私」，爲家人作保留，這毋寧倒是他殘餘的「人性」。

近代各國之中，六〇年代的美國及古巴，乃是鼓勵對方劫機船的「自由鬪士」最積極的兩個國家，劫奪成功者均被冠以偉大的「自由鬪士」標籤而歌頌之，使得北美及拉丁美洲的空運及海運長期的不安定，雙方也爲此投注巨額空安費用，雙方均爲之筋疲力竭。而後雙方停止這種宣傳戰，也不再歌頌「自由鬪士」，甚至還將這種自由鬪士遣返判刑，於是劫機劫船大減。最近，美國和古巴由於敵意行爲更減，商務以及合作緝毒等共利事項反而有了開展，由今視昔，美國與古巴當年爲了「自由鬪士」而嚴重扭曲，直如噩夢一場。由美國與古巴的例證，來看我們自己的這種自我扭曲，我們也只有馨香禱祝，讓這種扭曲、自我的殘酷等早日成爲噩夢而消散！

林家呼聲應該傾聽

林賢順叛降之後，他的家人承受了太多莫須有的壓力，他的哥哥林賢喜在壓力之下，也不得不有所表態。他的家人們因而有「要求政府妥善處理，使家人傷害減至最少」的呼聲，我們認爲，林氏家人的這種呼聲，除了軍方必須重視外，臺灣的傳播媒介尤應注意傾聽，傳播界的自動社會控制機能，使得他們對此類叛降案件，失去了尋找眞正原因的能力；相反的，卻是它們基於習慣反應，反而會構成體制的殘忍，而使叛逃者的家人受到無比的傷害。

滿朝忠臣個個奸？

——論中國人「奸」的本性

自解除戒嚴之後，以往的禁忌一變而成爲最好的政治資本，以及可以獲得利潤之商品。於是，汪精衛政權下的紅人胡蘭成，既是著作重見天日，戀情也被拍成電影，一如「二二八」的被商品化與被英雄化。很自然的，忠奸之辨也就隨之而再度浮現。

古代並無忠奸之別

所有歷史塵埃的被颺起，都是一個反省的契機，而不能只是無聊的媚俗話題。「東林學案」有一段警句：「三代之下，只是鄉愿一班人，名利兼收，便宜受用，雖不犯手弑君弑父，而自爲忒重，實埋下弑君弑父種子。」因此，在這個塵埃颺起時，我們不能成爲鄉愿，而應本於義利之大防，而作根本之辨正。

何謂忠？又何謂奸？忠奸之辨，在歷史哲學思考貧瘠的中國人小小腦袋中，從來就是一團稀泥。於是，「成者爲王，敗者爲寇」的鄉愿虛無標準遂告出現，厲行忠奸教化的結果，反而是失去了基本的義理，「滿朝忠臣個個奸」，這是中國政治場上最通見的怪現狀！

其實，中國古代並無忠奸之別，清儒呂晚村卽曾作過這樣的闡述：「君臣以義合，……但志不同，道不行，便可去。……只爲後世封建廢爲郡縣，天下統於一君，但有進退，而無去就。……千古君臣之義，爲之一變。」如果我們讀春秋戰國的歷史，卽可知道當時乃是人才游走各邦國，合則留，不合則去的時代，忠是忠於事，忠於社稷，何來奸？

奸導源於專制政治

因此，奸是隨著天下統一於君的專制政治而出現的後生事務。根據歷史的考查，它的發明者乃是極端守舊的宋儒歐陽修，他在編撰的《新唐書》裏首揭〈奸臣傳〉，而所謂「奸臣」，不過是編寫者基於政治而扣上的帽子，但「奸」的發明，此後卻成了統治者及御用文人的最好政治工具，政爭落敗者爲奸、政策見解不同者爲奸。奸的概念到了現代國家，更因爲國家對國家的壓迫而被濫用。奸、節操、忠孝被混合攪拌，忠奸與禮教遂組成了一種語言暴力體系，而能殺人。

在此可舉明末清初讀書人之困境爲例，明末遺老忠於前朝，入清之後自然不能續任，然而他們的子弟又將如何？縱使以「嚴華夷之辨」而有名的學問家黃梨洲及呂晚村，都不能禁止其子弟仕清，並因而蒙上「晚節不保」之惡名。倒是有一個讀書人徐狷石大膽提出「遺民無世襲」之論，始解決了此歷史性之難局。

正因「遺民無世襲」，滿清割臺、辜顯榮開臺北城門、長老會開臺南城門，以及胡蘭成入仕汪精衛政權，其實都當不得「奸」這個惡名，「奸」是一種殘忍的概念。當土地已失，統治者又怎能說別人爲「奸」？又怎能在事後進行種種清算？

支配關係强勢惡質

然而，在現代國家之中，「奸」這個暴力概念系統卻因爲歷史的不幸發展而被擴大，甚至行動化。於是，抗日戰爭期間，戴笠的「別動隊」以「鋤奸」爲名，而對汪精衛本人及其手下官僚進行恐怖狙殺行動。「奸」的語言暴力升級爲行動暴力，終至於演變爲對異己即以「奸」爲名而鋤之，李公樸與聞一多即是例證，而這也是國民黨失去大陸的原因之一。以

「奸」謀人，最後乃是苦果自嚐，這不正是最大的歷史教訓？

「奸」是一種語言及概念的暴力，是一種強勢且惡質的支配關係，統治者及其御用文人及打手，藉著這種暴力關係而非法化其政敵，若我們通過側面去理解，使用「奸」這個概念的，反映的乃是自身的恐懼：統治者德望事功不足，因而以「奸」壓人；一個國家的國民心理虛弱，因而以「奸」爲替罪羔羊。普法戰爭後，法國心理虛弱，以「德奸」爲名，整治猶太人軍官德雷福的冤案即爲例證。

基於「奸」的辨正，對於任何扣人以「奸」者，我們自當厭棄；支配性的以「奸」來指控他人固然不可，國土淪陷而出現的政權也不是「奸」。對於這種型態的「奸」，它的評斷標準是政治與歷史這個更大的架構，而他們得到的代價也不是「奸」，而是「缺乏智慧」，沒有政治的「擔當」以及「終生再也與政治無緣」等等。

統治之人詮釋忠奸

中國由於嚴忠奸之辨，而忠奸之詮釋又操於統治者之手，於是忠奸之辨的本質性差別被權力政治所穿透，本質變成了符號，而符號則墜落爲權術。因而清儒呂晚村又曰：「天下妄作苟取之徒，動以豪傑自命，曰成大事者不顧小節，此爲作用權變。」忠奸與變權的交混，更加的模糊了是非的根本，那麼，它的根本又將何在？

對此，正確的答案應當是歷史這個更大架構下的規律。在這個規律下，殖民主義者、侵略者、壓迫者均必一一被掃滅，而就是這個規律，正義是非才能自動的呈現，而這是無論如何翻案，也終究翻不過去的。不同的只是，對於那些判斷錯誤的，或許只是基於權變考慮而失敗的，我們不再視之爲奸——歷史的意義已說明了一切。

因此，對於「滾滾紅塵」惹出的胡蘭成漢奸案，本質上乃是一種無謂的舊爭辯。我們不認爲胡蘭成是漢奸——因爲「奸」的概念應予揚棄。但我們終究對他還是不喜歡，不喜歡他的虛僞不實，而虛僞不實的矯情，以及植基於這種之上的政治判斷，也注定了他只是蜉蝣般的政治與社會人物。不同的是，在這個「每個人都可以成爲三分鐘英雄」的時代，以他爲話題，當然也可以成爲三分鐘的話題。

尼采曾說過：「不存在的事實本身」，「事實想要存在，我們必須先引入意義」，胡蘭成漢奸案的理解，要找的可能就是「意義」！

三民叢刊書目

1. 邁向已開發國家　孫　震著
2. 經濟發展啓示錄　于宗先著
3. 中國文學講話　王更生著
4. 紅樓夢新解　潘重規著
5. 紅樓夢新辨　潘重規著
6. 自由與權威　周陽山著
7. 勇往直前　石永貴著
8. 細微的一炷香　劉紹銘著
9. 文與情　琦　君著
10. 在我們的時代　周志文著
11. 中央社的故事(上)　周培敬著
12. 中央社的故事(下)　周培敬著
13. 梭羅與中國　陳長房著
14. 時代邊緣之聲　龔鵬程著
15. 紅學六十年　潘重規著
16. 解咒與立法　勞思光著
17. 對不起，借過一下　水　晶著
18. 解體分裂的年代　楊　渡著
19. 德國在那裏？(上)(政治、經濟)　郭恆鈺・許琳菲等著
20. 德國在那裏？(下)(文化、統一)　郭恆鈺・許琳菲等著
21. 浮生九四　蘇雪林著
22. 海天集　莊信正著
23. 日本式心靈　李永熾著
24. 臺灣文學風貌　李瑞騰著
25. 干儛集　黃翰荻著
26. 作家與作品　謝冰瑩著
27. 冰瑩書信　謝冰瑩著
28. 冰瑩遊記　謝冰瑩著
29. 冰瑩憶往　謝冰瑩著
30. 冰瑩懷舊　謝冰瑩著

三民叢刊31
與世界文壇對話
鄭樹森 著

本書收錄二十四篇專訪，作者以比較文學博士的豐富學養，深入分析報導當代世界文壇的趨勢和動態，在清楚掌握世界各地的文學發展之餘，反省本土文學，並期在原有基礎上更向前邁進。

三民叢刊32
捉狂下的興歎
南方朔 著

「捉狂」是這個時代的浪潮，「興歎」是剔除糟粕的膽識與能力。媚俗的年代有不媚俗的聲音，看南方朔如何在知識份子充滿機會主義的價值錯亂和譁眾取寵的時候，替未來的自由公民開道。

三民叢刊33
猶記風吹水上鱗
余英時 著

本書以紀念錢賓四先生的文字爲主，賓四先生爲一代通儒，畢生著作無不以重發中華文化之幽光爲志。透過作者的描述，我們不僅能對賓四先生之志節與學術有深入的認識，並對民國以來學術史之發展有一概念。

三民叢刊34
形象與言語
李明明 著

藝術是以形象代替作者的言語，而在形象與言語之外，仍還有其他種種相關的問題。本書作者從藝術與時代、形式與風格、藝術與前衞、藝術與文化五個方面剖析西方現代藝術，使讀者能對藝術品本身及其相關論題有一完整的認識。

三民叢刊35

紅學論集

潘重規　著

本書爲「紅學論集」的第四本。作者向來主張《紅樓夢》一書爲發揚民族大義之書，數十年來與各方學者論辯，更堅定其主張。本書爲作者歷年來關於紅學討論文字的總結之作，也是精華之所在。

三民叢刊36

憂鬱與狂熱

孫瑋芒　著

輕狂的年少，懷憂的中年，從鄉下的眷村到大都會的臺北，從愛情到知識，作者以詩意的筆調、鋪陳豐饒的意象，表現生命進程中的憂鬱與狂熱。以純藝術表現出發，而兼及反應社會脈動，不但樹立了獨特的個人風格，也爲散文藝術開拓了新境界。

三民叢刊37

黃昏過客

沙究　著

「爲樸素心靈尋找一些普通相的句子」沙究在獲得時報短篇小說推薦獎時曾對他的寫作有如是的感言，他的作品就是最好的實踐。本書將帶領您從浮生衆相中探索人類心靈的面貌。

三民叢刊38

帶詩蹺課去

徐望雲　著

我們都或多或少的讀過現代詩，但對現代詩的了解卻很少，於是許多譁眾取寵的文字便假借現代詩的名義出現，讓「詩人」成爲一種笑話。本書以輕鬆的筆調、嚴肅的心情，引導讀者更接近、更了解現代詩。

國立中央圖書館出版品預行編目資料

捉狂下的興嘆／南方朔著.--初版.--
台北市：三民，民80
面；　　公分.--(三民叢刊;32)
ISBN 957-14-1821-8 (平裝)

1.政治一論文，講詞等

573.07　　80003504

著　者　南方朔
發行人　劉振强
出版者　三民書局股份有限公司
印刷所　三民書局股份有限公司
地址／臺北市重慶南路一段六十一號
郵撥／〇〇〇九九九八——五號
初　版　中華民國八十年十月
編　號　S 57009
基本定價　叁元柒角捌分
行政院新聞局登記證局版臺業字第〇二〇〇號

ISBN 957-14-1821-8 (平裝)